Tiempo de México

El otro yo del mexicano

Con una cierta mirada

El otro yo del mexicano

José Gutiérrez Vivó,

coordinador

OCEANO

EDITOR: Rogelio Carvajal Dávila

EL OTRO YO DEL MEXICANO

© 1998, INFORED, S.A. DE C.V.

D.R. © EDITORIAL OCEANO DE MÉXICO, S.A. de C.V.
        Eugenio Sue 59, Colonia Chapultepec Polanco
        Miguel Hidalgo, Código Postal 11560, México, D.F.
        ☎ 282 0082 🖷 282 1944

SEGUNDA REIMPRESIÓN

ISBN 970-651-101-6

IMPRESO EN MÉXICO / PRINTED IN MEXICO

ÍNDICE

PRÓLOGO

Pocos países han hecho un esfuerzo tan consistente y tan duradero por mantener, y aun promover, sus valores. Y pocos ciudadanos tienen tantas y tan variadas manifestaciones de orgullo nacional dentro y fuera de su país.

Exportamos la mexicanidad por todo el orbe: lo mismo música que platillos, geografía que tradiciones han dado la vuelta al mundo y se han instalado en el contexto amplio del folclor, ése que abarca el ámbito internacional convertido en leyenda.

Pero ¿qué tan profunda y real es la esencia de nuestra mexicanidad? ¿Cuáles son sus variadas y múltiples facetas? ¿Dónde se ocultan motivaciones tan opuestas a los sentimientos que declaramos ante los demás? ¿Explican esas variables nuestras peculiares conductas y actitudes?

Conocer al mexicano, saber cómo es, cuáles son sus fortalezas, debilidades, no sólo en la teoría, sino en la vida cotidiana, es una de las preocupaciones del noticiario *Monitor*; en él durante muchos años hemos dialogado con diferentes actores de nuestra vida diaria.

Más allá de tratar de encasillar al mexicano por una conducta o un pensamiento, las variadas conversaciones y reflexiones que incluye este volumen descubren la posibilidad de una diversidad de *mexicanos*, una pluralidad de comportamientos que pueden conducir a una nueva definición de lo mexicano, o como dice una de las participantes en estos coloquios, "nueve mil mexicanos".

11

La multiplicidad de los colaboradores (escritores, periodistas, historiadores, comunicólogos, psicoanalistas, antropólogos, investigadores) impide la posibilidad de caer en maniqueísmos, al tiempo que facilita el diálogo y la posibilidad del intercambio de ideas y de definiciones. Así, varios temas que han sido objeto de encasillamiento (que somos víctimas del destino, que somos mitómanos, que somos perezosos, que inventamos una realidad para escapar de la nuestra, que somos corruptos pero que no lo aceptamos, que vivimos una doble moral) se revisan con pasión, pero también con inteligencia, y se ponen a consideración de los lectores (como en su origen estuvieron a la consideracion de los radioescuchas), quienes tendrán puntos de vista que añadir, retocar o rectificar.

En estos diálogos participó también la población en general, que a través de diversas encuestas, que se incluyen, expresó su punto de vista sobre asuntos determinados.

La tendencia mundial a la globalización puede propiciar la pérdida de la idiosincracia del mexicano, pero también puede reafirmarla; habrá quienes prefieran ser indistinguibles, asimilarse a un nuevo modelo, multinacional; otros, en esa diversidad, elegirán distinguirse, confirmarse únicos. Y en esa misma diversidad, confirmarán que lo que a unos les parece defecto en nosotros es simple reto; que nuestra manera de enfrentarnos a la desaparición de las fronteras es siendo profundamente nacionales.

Sin ningún temor por los lugares comunes, este libro propone sin embargo nuevas visiones, distintos enfoques de la mexicanidad, y cada una de las propuestas es una vuelta de tuerca a nuestra definición de qué y cómo somos.

José Gutiérrez Vivó

NOTA: *En todos los capítulos del libro conduzco el diálogo –haciendo las preguntas y puntualizando acotaciones– con un interlocutor que identifico en el texto. Cuando se involucra un tercero en el diálogo, se señala de quién se trata. Salvo que se haga mención específica en contrario, el ir y venir de la conversación la llevamos el interlocutor señalado y yo.*

12

¿SOMOS REHENES DEL PASADO?

Colaboran: Andrés Lira e Hira de Gortari

Se dice que los pueblos que no conocen su historia corren el riesgo de repetirla, ¿qué ocurre en el caso del mexicano? Para intentar una respuesta a esta interrogante y discutir y comentar aspectos derivados de la reflexión acerca del pueblo mexicano que poco afloran cuando se habla de ese "otro" mexicano —nosotros mismos—, con frecuencia soterrados y a los que se pasa por alto con reiterada consistencia, opté por contraponer los puntos de vista de Andrés Lira e Hira de Gortari.

Dice Andrés Lira: creo que el pueblo mexicano es de los que no conocen su historia; y aunque la historia no se repite en cuanto tal, el ciclo de ésta no es un ciclo cerrado, debe vérsele más bien como una espiral. Hay situaciones que se repiten, que van creciendo en importancia en sus posibilidades constructivas y destructivas. Y hay también ciertos problemas que guardan similitud con lo ocurrido en el pasado. Es necesario ver todo esto para orientarse mejor en un presente que, necesariamente, conserva elementos de ese pasado pero en coexistencia con elementos nuevos, situaciones no previstas e impredecibles. Esta actitud nos orientaría para asumir con más serenidad ciertas posiciones y decisiones.

Andrés Lira, ¿cuáles son algunos de esos elementos, los que son muy ostensibles, muy claros?

En una situación como la actual, de graves problemas financieros en nuestro país, uno advierte la recurrencia de una historia que ocurrió en el siglo pasado. El México independiente nace con una deuda heredada: tiene que asumir la del gobierno español; y se contraen también nuevas obligaciones; se contratan créditos. Y cuando se recorre ese pasado uno encuentra el mundo de los agiotistas, y parece que no hemos salido de él. Hoy se repiten esquemas de trato que podrían creerse estaban agotados porque ya mostraron cuán perjudiciales e ineficientes eran.

¿Por qué no vemos algún ejemplo de esos tratos?

Las primeras deudas que se contrataron en el siglo pasado, que se fueron renegociando frente a la presión de los acreedores; la terrible renegociación de la deuda después de la guerra con Estados Unidos, cuando el mundo de los acreedores, de los agiotistas se organizó pensando en que llegarían los quince millones de dólares de la indemnización estadunidense. Al final, sólo llegaron tres, que se emplearon para el pago de los gastos más urgentes del país.

¿Y qué pasó con los otros doce?

Acabaron por llegar a cuentagotas. Pero hay que considerar las presiones y la manipulación que se hicieron con las deudas; cómo muchos créditos de índole privada se hicieron internacionales, se acogieron al cobijo de las potencias extranjeras. Algunos acreedores se nacionalizaron, para lograr la presión diplomática y así cobrar sus créditos. Además, todos esos créditos eran terriblemente perjudiciales para el país; eran deudas que el país contrajo en condiciones muy desfavorables: del valor nominal de los títulos llegaba al gobierno mexicano a veces apenas una décima parte. Entonces, en la historia se repiten situaciones que guardan un estrecho paralelismo. Creo que una buena historia de la deuda pública, elaborada con sensibilidad y serenidad, nos orientaría mucho en la actualidad.

En este caso, el de las finanzas públicas, ¿estamos, de alguna manera, repitiendo una historia del siglo pasado?

Tal parece que sí; aunque habría que afinar en investigaciones concretas para establecer la comparación, y ver hasta dónde el paralelismo es real, porque también hay apariencias que ocultan disimilitudes considerables, diferencias grandes. Creo, sin embargo, que sí hay situaciones de larga duración, de enorme vigencia, que obligan a reincidir en negociaciones muy desfavorables a los países deudores.

Hira de Gortari, ¿es éste un fenómeno que ocurre sólo en México o se da también en otras naciones?

No solamente es un fenómeno mexicano. Sin duda, habría diferencias en cuanto a distintos grados de desarrollo económico, social y cultural según los diferentes países, pero creo que en la situación actual, la lectura de la historia, no sólo en este caso de la historia mexicana, sino de la historia en sentido amplio, sería muy importante. Por ejemplo, prevalece en los últimos tiempos una visión excesivamente presente de las cosas: esto es, de la perspectiva histórica; creo que la historia es ahora una lectura necesaria, no sólo para los medios académicos, sino también en términos del mundo político, y en el sentido de todo aquél que esté interesado, como ciudadano, en la perspectiva de lo que ocurre en su país. ¿Por qué? Porque quizá uno de los fenómenos más preocupantes de los últimos tiempos sea el exceso de particularismos, de regionalismos exagerados, que de una u otra manera están parcializando evidentemente la visión de esa perspectiva y se está perdiendo cierta problemática histórica, en el sentido más amplio.

Es decir, ¿que estamos muy atentos del árbol mas no del bosque?

Sin duda; y en ese sentido, estos particularismos, creo, se han vuelto tan acendrados que estamos perdiendo la noción de las perspectivas amplias. Igualmente, creo que hay una serie de problemáticas —regresando a nuestra historia— que en este momento sería importante tener muy presente. Esto es, además del problema de las finanzas públicas, la bancarrota de los gobiernos en el siglo pasado, que fue un fenómeno muy importante; la inestabilidad social y las grandes diferencias políticas, como por ejemplo, el exceso de regionalismos en el territorio nacional. Son éstos problemas que deberíamos tener presentes en una relectura del pasado, en épocas en las cuales se hace

15

una visión, una revisión de la historia muy pesimista. Creo que es un momento importante de lectura para todos de la buena historia o las buenas historias.

¿La historia que estudiamos es la que más se apega a la historia real?

Si lo vemos desde nuestra perspectiva, lo que hay en realidad son historias. Hablar de una historia ya no tiene sentido, y no por los particularismos. Creo que, por una parte, hay siempre una perspectiva de época de la historia; es decir, una perspectiva que hace una revisión de la historia, y hay diferentes maneras de hacer una historia...

¿Y en esa revisión no se va perdiendo la esencia de la historia real?

Creo que no; en el fondo, si somos consecuentes, también se va enriqueciendo. Un problema puede revisarse de diversas maneras, tanto políticamente como desde el punto de vista analítico. Por ejemplo, la perspectiva de la historia económica, como señaló Andrés Lira, creo que lo que hoy nos da es de suma importancia, porque es uno de los problemas que los mexicanos vivimos día tras día; en ese sentido, hoy tenemos una gran sensibilidad hacia los temas económicos, que anteriormente quizá no teníamos.

La historia, Andrés Lira, que aprendemos en la escuela, tal pareciera que adolece de una connotación de pesadumbre, negativa, desgraciada, ¿ésta es la historia como debemos entenderla?

Ahí está una serie de hechos tristes, desgraciados, que no podemos negar, que tenemos que asumir; pero no debemos entender que eso es *toda* la historia. En este sentido hay que interponer una visión responsable. Creo que el primero que ensayó una visión benévola, y a la vez responsable, de la historia de México, después de muchas dificultades, fue Justo Sierra, con su famoso texto "La evolución política del pueblo mexicano", como se conoce a la parte que él escribió de ese gran libro: *México. Su evolución social.* Sierra intentó plasmar una visión comprensiva de los mexicanos, afirmando que sí habíamos tenido la responsabilidad de lo que nos había sucedido en el siglo pasado —el

16

libro se escribió a principios de este siglo—; su análisis termina con una visión ya crítica del momento del general Díaz, cuando le dice: el país ha sacrificado la evolución política por la evolución económica; era necesaria la salud del cuerpo, pero es necesario pensar en la salud del alma. Ésas son las metáforas. Pero Sierra concluye: nosotros los mexicanos hicimos nuestra historia; ahí estaban nuestros padres, tenemos que asumir esa responsabilidad; y aquí está el país. Nos ha ido mal, pero son evidentes muchos elementos positivos. Y, claro, prevalecen hechos muy sobrecogedores, porque en nuestro país, como en otros —pero en el nuestro es muy evidente—, coexisten distintos grupos. Somos un país conquistado en un momento en que Europa se expande; somos parte de la cultura europea occidental. Pero también otras culturas caen bajo la conquista y son incorporadas a esa cultura occidental, y hay muchos elementos que se asimilaron positivamente. Entonces, habría que hacer una reconsideración y no valorar todo como una pérdida irreparable, porque la historia es cambio; necesariamente un cambio donde se sacrifican muchas cosas y se obtienen otras. De esta actitud habría que partir para tener una visión anímica de la historia.

¿Significa que no debemos ver a la historia como una suma de hechos negativos sino como evidencia de los claroscuros de la realidad?

Es necesario comprender qué pensaban los hombres, por qué actuaban de esa manera en ese momento, y, desde nuestra perspectiva, es obligado tener la sensibilidad para advertir que nosotros también nos hacemos una serie de preguntas porque estamos acuciados por nuestro presente. El pasado no está ahí como una cosa asida para siempre —eso decía don Edmundo O'Gorman. El pasado lo vamos reconstruyendo desde un presente, y eso va dando también sentido a nuestro presente en el momento en que lo construimos. Hemos de asumir situaciones dadas para entender nuestro presente.

Es decir, si a la historia la comparamos con un gran expediente de siglos, ¿qué clase de características básicas encuentra, Hira de Gortari, en ese expediente de México en cuanto a su forma de ser, su forma

17

de ver las cosas, de transitar por la historia? ¿Qué somos?

Esa pregunta es realmente difícil. Como ya se dijo, la nuestra es una historia evidentemente muy compleja, y algo sin duda importante, como ya también se señaló, punto fundamental de la historia como análisis, es el cambio. Agregaría para ese análisis la permanencia. Es decir, creo que jugamos con cambios y permanencias, y, en ese sentido, la de nuestro país es una historia muy compleja. Veámosla en el sentido cultural, por ejemplo; cultural y regionalmente hablando, según toda una serie de permanencias del mundo prehispánico y colonial que transcurre durante un largo periodo e impregna nuestra cultura, en el sentido más amplio, y nuestra política y nuestras formas de vida económica en un sentido más específico; con todo esto tenemos un gran expediente, sin duda, de gran complejidad, y nuestras lecturas de él van a ser diversas. Hoy quizá estaríamos muy preocupados por ciertos temas, y, en ese sentido, esto nos llevaría a preguntarnos asuntos como ¿es que realmente estamos condenados a cierto tipo de "reiteraciones" históricas?; reflexiones que evidentemente surgen de una crisis, donde se hacen grandes revisiones, a veces muy difíciles, del proceso histórico. De ese gran expediente de siglos, surgen las grandes preguntas actuales sobre qué ha sido nuestra historia, y, en ese sentido, es que debe hacerse una lectura cuidadosa y equilibrada. En cualquier historia, más allá de la mexicana, hay momentos difíciles que los historiadores, según el momento, ven con análisis distintos. En el caso mexicano, existen visiones distintas sobre la Revolución mexicana o la guerra de Independencia. Y en otras latitudes: pensemos, por ejemplo, en la guerra de Secesión estadunidense, donde evidentemente coexisten formas distintas de pensarla, y políticamente se la analiza de manera diversa; o, por ejemplo, la Revolución francesa. Así puede decirse de ciertos periodos clave: los análisis son diversos, y suscitan revisiones posteriores. Creo que hoy vivimos una situación de este tipo.

Lo cual, entre otras cosas, me lleva a pensar: ¿es muy riesgoso para un país el manejar y mantener una historia oficial?

18

Diría que hay ciertos elementos y nociones básicos que cualquier nación necesita conocer, que tienen que ver con la identidad, más allá de cualquier cosa; y, sin duda, considero que siempre hay elementos básicos que cualquier ciudadano, ya sea mexicano o francés, tendría que conocer de su país.

¿Hira de Gortari coincide con la historia oficial de México o siente que debería sujetarse a revisión?

Las dos cosas. Creo que cierta historia que se ha hecho oficial tiene calidad. La historia oficial, en este sentido, lleva varias décadas existiendo con revisiones. Creo también que podría ser una historia sujeta a revisión, donde, sin duda, el mundo académico tiene posibilidades de añadir, de enriquecer, de matizar. Nunca pensaría que una historia oficial es una historia única y dada en términos definitivos; más bien, creo que puede enriquecerse. Pero insisto: hay ciertos puntos fundamentales de información, entre otras cosas, que cualquier mexicano tiene que conocer.

Andrés Lira, viendo la historia más allá del siglo XIX, ¿qué capítulos del presente que se parecen al pasado estamos repitiendo?

Desde luego, las relaciones entre los grupos que forman nuestra sociedad, donde según su integración o desintegración siempre existe una visión de posible conflicto. He estudiado, por ejemplo, los barrios indígenas de la ciudad de México en el siglo pasado; es decir, cuando se declara ya la igualdad jurídica, cuando se les dice a los barrios "intégrense al gobierno" y éstos se resisten porque han permanecido en un estado de apartamiento legal —es una sociedad dividida en estamentos, en grupos, cada uno con su estatuto. Cuando se les dice que ya son ciudadanos españoles, con la constitución española de 1812, lo que parecía que ya se había logrado en los hechos —la ciudad había desbordado la vieja traza, se había extendido por los barrios indígenas, pero quedaban aún muchos muy fuertes—, se tradujo en una negativa de los grupos indígenas; los naturales conservaron sus capillas, sus cajas de comunidad, y sobrellevaron una resistencia que se viene dando hasta el presente siglo en muchos lugares. Se vio siem-

19

pre con cierto miedo, por ejemplo, a los indígenas de la llamada "parcialidad de Santiago Tlatelolco"; se decía: van a venir los de la "parcialidad". Se vivieron con temor los motines indígenas en los siglos XVII, XVIII y XIX. Nosotros ya lo olvidamos pero la "guerra de castas" del siglo pasado, se vivió con auténtico terror hacia los años cincuenta. Con los años cuarenta crecieron los levantamientos en Yucatán, en la Sierra Gorda, en lo que es actualmente el estado de Hidalgo. En Tlatelolco, donde había muchos problemas de agua, líderes que agitaban a la población lanzaban verdaderas arengas en contra de los asesinos de sus padres, y señalaban al centro. Todo ese miedo con el que se vivía las generaciones de hoy lo han olvidado, aunque parece revivir al calor de ciertas luchas de los grupos indígenas, que le dan nueva vida y significado a cierto pasado.

Otro antecedente interesante es cómo a partir del siglo pasado, después de la Reforma —que es un parteaguas en la historia—, se hace a un lado a la iglesia católica y a los católicos como parte expresa operante en la historia de México, y ésta se escribe en una versión mutilada y limitada porque en un país mayoritariamente católico los católicos no aparecen oficialmente en las historias oficiales, y, sin embargo, ahí están. Entonces, se nos enseña una historia un tanto esquizofrénica; cuando se ha condenado a un actor de la historia se le cercena políticamente, y se le hace desaparecer de la recuperación del pasado, se trunca entonces la revisión histórica de un país cuyas jurisdicciones administrativas trazó la propia iglesia católica. El factor político más operante en la organización del territorio novohispano fueron las diócesis religiosas, las parroquias; ellas eran las unidades político-sociales operantes, y las organizaciones de las primeras elecciones, por ejemplo, se hicieron por parroquia. Pero vino una guerra, y con ella un enfrentamiento político en que la iglesia, que se definió como actor político, fue derrotada y se le desterró. Frente a eso, en la recuperación del pasado, no podemos cerrar los ojos; no podemos decir que nunca fue realidad esa presencia católica; lo fue y lo ha sido, aun en la beligerancia de los católicos en la acción social, pero ya no en política, que a principios de este siglo todavía era importante. Quizá eso explique mucho la ferocidad con que en los años veinte se emprende la acción contra la iglesia católica; ésta había ganado mucho terreno en el ámbito sindical.

Hira de Gortari, ¿para gobernar un país, entre otras muchas cualidades o características que deberían tener sus dirigentes, está el conocer bien la historia para evitar este tipo de traspié o para utilizarla como elemento de juicio ante situaciones que se repiten?

Considero que la historia aquí y en cualquier otra parte es un asunto de conocimiento indispensable, tanto por las experiencias importantes de un país como por los escenarios, podría decir, de conflicto, de duda. En un momento dado siempre hay, en un continuo histórico, una serie de elementos de identidad de un país, y precisamente este tipo de problemas, de conocimiento de la historia, nos haría pensar que en las situaciones actuales por las que atraviesa el país, sin duda, el problema de la cultura política es importantísimo. Es decir, algo que ha denunciado la historia son precisamente las intolerancias; las intolerancias han hecho que este país tenga serios problemas, serias crisis.

¿La intolerancia es algo inherente a nuestra forma de ser o a la forma de ser de los políticos, históricamente hablando?

No podría decir que es una forma de ser, como considero también que es un problema que gradualmente va cambiando. Esto es, creo que es parte de una cultura, y la cultura es un problema de plazos no muy violentos, que van acompasados en un desarrollo histórico. En ese sentido, es indispensable que en la cultura política, y lo digo en el sentido más amplio para todos los que vivimos en este país, el problema de la tolerancia sea fundamental. Tenemos experiencias históricas en donde la intolerancia ha sido precisamente el elemento más nocivo.

¿Debo entender que la historia mexicana nos demuestra que políticamente hemos sido más intolerantes que tolerantes?

No, mi balance es más diverso. Me voy un poco más lejos pero con todos sus bemoles. Diría de toda esta cultura colonial —en el sen-

21

tido más amplio, en términos de grupos diversos— que es también muy importante aprender a convivir y a tener una cultura. Algo también importante, contrapuesto a la intolerancia —que me parece preocupante—, es que se ha logrado integrar una nación, y, en ese sentido, la historia mexicana ha mostrado precisamente la capacidad de tolerancia, en términos culturales, sociales y políticos. Esto es muy importante. Hay problemas de resistencia, de desencuentro, pero en el fondo, finalmente, se trata de un país en el que, con todas sus complejidades, la tolerancia siempre tuvo un papel fundamental.

¿Acaso la historia no es una materia que urge enseñar a la población, sobre todo, en estos tiempos, y que no se quede sólo en las aulas, encerrada, o entre los que son historiadores por profesión, que son pensadores, y que se debería difundir con mayor rapidez para entender nuestro presente?

Sin duda; además, agregaría lo siguiente: no sólo la experiencia de la historia mexicana sino la de otros países; pienso en dos para mencionar algunos: Francia y Estados Unidos. Creo que la historia es un problema en el que grandes capas de la población están interesadas. En Estados Unidos hay canales de televisión que dedican una parte importante de su programación a la historia; en Francia, el problema de la historia también es un tema de amplia divulgación. En épocas como ésta, no solamente en México, el problema de la historia despierta una gran preocupación; es una manera de reflexionar sobre la situación actual que permite cierta distancia y quizá da una cierta tranquilidad, si esto es posible decirlo.

¿Cuáles son para Andrés Lira las dos o tres marcas más importantes que este país ha sufrido y que hoy seguimos viviendo?

México es un país cuya historia, como conciencia que se comparte con otros ámbitos, se inicia con la Conquista. Hay que tomar en cuenta esto: vienen los españoles y se expanden por el territorio. El propósito es incorporar a las sociedades que encuentran a una concepción de la historia que rigen la providencia y los valores religiosos, pero, en realidad, se les está incluyendo como personajes que van a actuar en una historia universal. Ése es el primer gran momento, ése es el arranque.

¿Superamos la Conquista?

Yo creo que no, porque no se supera: se tiene que asimilar; la historia sólo se supera asimilándola.

¿Y la estamos asimilando?

Tampoco; hay muchos elementos contradictorios como para hablar de una asimilación. Primero debe procurarse aceptar el pasado; estudiarlo, entenderlo, comprenderlo y aceptarlo como parte de uno; no negarlo. Y México, como país independiente, surge negando el pasado. El Acta de Declaración de la Independencia dice: "La nación mexicana, que durante trescientos años estuvo...", entonces, en esos trescientos años, ¿qué pasó?; se trata ya de una sociedad totalmente distinta; no de lo que decían algunos personajes del momento, ni los viejos grupos indígenas que entonces recuperan una libertad: es ya otro nuevo grupo, totalmente distinto. Hay que ver la apariencia, hay que ver nuestras ciudades, hay que ver nuestros caminos. Somos resultado de muchos siglos de actividad, en los que nos hemos complicado, o se han complicado nuestros antepasados al querer excluir a algunos so pretexto de una pureza histórica. Eso es lo que no funciona.

¿Ese punto no lo hemos superado?

Creo que no; y se está volviendo, en algunos momentos, a llamados muy violentos. Cuando se dice: vamos a delimitar áreas, o a crear un Estado indígena, para darlos a las comunidades indígenas. ¿Y las familias que han estado allí desde el siglo XVI, los de raza cósmica, los de raza mezclada, a dónde nos vamos a ir? ¿Qué va a pasar? Esa pureza histórica nunca existió; veamos la complejidad de los grupos en la época prehispánica. Lo que sí debe haber es tolerancia y respeto para las formas de organización y articulación de distintos grupos y sus posibles relaciones.

¿Si no hemos superado la Conquista, seguimos practicándola con otras formas todos los días y en todos los ámbitos?

Creo que el tipo de países que surgieron como coloniales es

23

una diversidad muy interesante que hay que asumir. Pertenecemos a una cultura europea en expansión; formamos parte de esa expansión. Reconozcamos que estamos ahí, y a partir de eso definamos nuestra identidad. Querer imponer una pureza histórica no es superar la Conquista; creo que ésta se irá superando cuando asumamos esa complejidad y su peculiar situación.

¿Qué otras marcas importantes sufrió México?

Desde luego, la formación del país en la época novohispana, cuando México se define como un ámbito distinto propio, con identidad, y se asimila al dominio político español; y, por supuesto, la llamada revolución de Independencia, que forma parte de un proceso mayor de revoluciones nacionales en el mundo, donde se definen unidades políticas que reclaman sus propios derechos y soberanía, lo que provoca un reacomodo muy intenso de los grupos sociales de esos países. Por ejemplo, la proclamación de la igualdad, la proclamación de la ciudadanía, de los derechos políticos, que traen complicaciones enormes pero también posibilidades enormes de avance. No se podía continuar bajo los esquemas anteriores; hubo también intentos, ideas, para continuar dentro de otras conformaciones políticas. Por ejemplo, la idea que propusieron los diputados mexicanos en las cortes en 1821, al borde ya de la declaración de Independencia, de unirnos bajo la corona, una corona española imperial con tres grandes reinos en América. Quizá eso hubiera hecho menos cruenta la ruptura de una unidad que pudo haberse ido disolviendo con menos violencia, con menos costos para los habitantes de Hispanoamérica; pero eso no ocurrió. Hubo una segregación de naciones; hay que ver cómo se dividió Centroamérica, cómo se pulverizó. Y creo que esos son costos que implicaron muchos sacrificios sociales por la falta de una organización política unificadora.

Hira de Gortari, hay personas en el mundo de la política, e incluso historiadores, que dicen que México no repetirá ciertos episodios de su historia y hacen toda una elaboración, por ejemplo, en el caso de la Revolución mexicana, y repiten esa frase tan socorrida: México ya pagó su cuota de sangre. Por supuesto, no estoy invocando a las revoluciones, pero ¿podemos afirmar, con tanta seguridad, que un país no repite este tipo de circunstancias?

Estas predicciones hacia el futuro siempre son más que delicadas. Comparto la idea de que una predicción exacta sería imposible. En lo que sin duda sí tenemos que pensar es precisamente en esas cuotas de sangre. Creo, con Andrés Lira, que una circunstancia muy difícil y terrible, desde el punto de vista también de la violencia, fue la Independencia; uno de los procesos independentistas más duros dentro del contexto de la América española. Lo que cabría hacer ahora, más que decir que no repetiremos la historia, es precisamente ver cada vez más claro en dónde estamos parados, en dónde está este país en términos económicos y sociales, y también ver cuál ha sido esa historia. En ese sentido, creo que lo más importante es atacar estos problemas que tenemos enfrente, en donde la historia es, sin duda, un apoyo definitivo en términos analíticos. Mencionaría, por ejemplo, algo que sigue siendo importante y que tiene trascendencia histórica como uno de los problemas fundamentales del país: el asunto de los desequilibrios regionales, que explica también fenómenos revolucionarios como la Revolución mexicana o inclusive la Independencia.

¿Quiere decir que aún no los hemos resuelto?

Creo que tienen otras características, pero continúan como problemas de este país. Tendríamos que ser muy cuidadosos con esta idea de exclusión que últimamente se maneja y que a mí me parece muy preocupante, en términos de grupos étnicos, distintos unos de otros, en un país que ha hecho, insisto, un gran esfuerzo de integración, con muchas dificultades, con muchos problemas, y donde también se mitifican las cosas. Creo que ahí está el problema: en mitificar las cosas. Me preocupa mucho esto de que antes de la Conquista el país, en términos modernos, parecía exactamente el Edén; esto es poco científico y más bien este tipo de mitos sí son preocupantes. Pareciera que a partir de que Colón inventa o descubre América, según queramos, se rompe un gran idilio natural, lo cual evidentemente es falso. Estos

25

mitos sí pueden llevarnos a problemas.

Andrés Lira, ¿qué etapa sugiere debe estudiarse de la historia de México, que más se parezca a lo que estamos viviendo?

Todas las etapas. Habría que partir, si se quiere tener una precisión, de la Independencia; sugeriría la lectura de textos que impulsan un espíritu comprensivo, como el de Simpson, *Muchos Méxicos*, la idea misma del libro es muy rica; hay una recuperación fértil de la Colonia, de cómo se integra el país, y luego la formación del México independiente. Como el del profesor Bernardo García, síntesis de una historia de México en donde se tratan los acontecimientos políticos en una proporción suficiente, pero dándole más peso a los componentes sociales de esa historia. Yo creo que habría que partir de la Independencia, pero tomando en cuenta que el país independiente viene de muy atrás; saber recuperar los sitios históricos hacia atrás, en función de un presente que se va enriqueciendo sucesivamente. Creo que en estos momentos el estudio del llamado porfiriato, porfirismo, es muy revelador.

¿Hay analogías?

Muy interesantes; apariencias que hay que tener cuidado si son sólo apariencias, pero también agotamientos de posibilidades de recursos históricos, incluidos los políticos, económicos y sociales. Creo que sí hay momentos análogos de crisis. Cuando un sistema da de sí, las alternativas políticas ya no funcionan, hay que buscar nuevas redefiniciones en función de situaciones que hay que encarar. Una cosa muy interesante: don Daniel Cosío Villegas, que era un crítico, pretendió estudiar la historia contemporánea de México, es decir, de la Revolución para acá, y consideró que para explicar ese momento habría que irse a la Reforma y sobre todo al porfiriato. Dedicó la mayor parte de su obra de historiador precisamente a lo que él llamó historia moderna de México, que es la república restaurada y todo el porfiriato, y hoy se está revalorando muchísimo esa época.

Hira de Gortari, ¿qué capítulos de nuestra historia tendríamos que revisar urgentemente a manera de conclusión?

26

Coincido en que el siglo XIX es fundamental, y diría que por lo siguiente: viéndolo como lector contemporáneo, es un periodo traumático de nuestra historia, pero el país siguió existiendo como país, y esto es importantísimo tenerlo presente. Y además: creo que es una historia muy compleja, como la que vivimos actualmente, donde no se pueden encontrar, digamos, causas únicas; y esto es importante que lo tengamos presente. La historia es compleja, como lo es la vida. La situación involucró la pérdida de territorio, una guerra civil; en ese sentido, personajes como Juárez tienen un papel importantísimo. Podemos pensar inclusive que es un periodo, el siglo XIX, que se inicia con un fenómeno violento, muy revolucionario, como son las guerras de independencia —y hablo de guerras de independencia con cierta intención—, y que culmina con la Revolución mexicana, que supone también un conjunto de guerras al interior. Es decir, es fundamental leer estos momentos tan delicados, tan difíciles, de grandes crisis, en los que el país ha seguido subsistiendo; esto se puede entender como un ejercicio didáctico, para ver hasta dónde pueden llegar las cosas cuando uno está estirando la cuerda más de la cuenta, y pensar que cuando se estiran más de la cuenta las cosas, se puede llegar a consecuencias muy delicadas pero, al mismo tiempo, a la creación del país o al inicio de la construcción de un gran país, como cuando la Independencia y el México moderno después de la Revolución. Creo que el siglo XIX tiene grandes enseñanzas y, al mismo tiempo, aunque parezca un poco irónico, reconforta, porque de esas épocas tan difíciles el país salió adelante.

¿SOMOS LO QUE PARECEMOS?

*Colaboran: Héctor Aguilar Camín, Aurelio Asiain
y Germán Dehesa*

Recientemente, se llevó a cabo una encuesta en la ciudad de México entre una muestra de trescientas personas adultas pertenecientes a los niveles socioeconómicos alto, medio y popular; se buscó establecer sus opiniones respecto a la identidad nacional o al orgullo de ser mexicano.

En principio, se observa que los mexicanos nos sentimos sumamente orgullosos de serlo, según lo manifestaron tres cuartas partes de los encuestados. Este sentimiento surge de varios conceptos; destacando entre ellos:

- el que México sea nuestra patria o el lugar donde nacimos: 44%;
- disfrutemos de libertades: 26%;
- poseamos historia, tradiciones y costumbres: 18%;
- que México sea un país hermoso: 11%.

Nueve de cada diez personas indicaron la existencia de algún elemento que nos hace sentir orgullosos, sobre todo, de nuestra historia: 42%; y de disfrutar de libertades: 28%.

En sentido opuesto, tres cuartas partes manifestaron la existencia de aspectos que deben avergonzarnos; particularmente, nuestro sis-

29

tema político: 36%; y la corrupción o deshonestidad de algunos mexicanos: 25%.

¿Los mexicanos nos sentimos orgullosos de nuestras raíces?: 91%; ¿manifestamos identificarnos con nuestro pasado indígena?: 80%; y ¿nos asumimos como pueblo que sabe salir adelante?: 75%.

En contraparte: ¿criticamos nuestro conformismo?: 68%; y ¿nuestra flojera?: 66%.

El orgullo que manifestamos tanto por nuestra historia como por nuestras raíces genera el que nueve de cada diez entrevistados estén de acuerdo con abordar en medios de comunicación temas históricos, realizar jornadas en torno a los símbolos patrios e impulsar tradiciones netamente mexicanas.

Las dificultades que confronta el país han incidido negativamente en el sentimiento de orgullo. Es así que 48% de las personas indica que su orgullo por ser mexicano se ha deteriorado a raíz de la crisis que afrontamos. Por ello, la principal propuesta que se esgrime como fórmula para sentirnos más orgullosos es: trabajar para salir adelante (32%).

Como evidencia por demás interesante, 40% declaró que en caso de disponer de los recursos y de la oportunidad, iría a radicar a otro país; postura que resultó más intensa entre los hombres, entre los estratos socioeconómicos medio y superior, y en la medida en que se es más joven (véase Anexo 1).

Héctor Aguilar Camín, ¿qué primera impresión se obtiene de este tipo de información?

Me parecen respuestas bastante similares a las que se contestaron en encuestas anteriores, que ha hecho Enrique Alduncin desde 1980 y que repitió en 1990. Bastante cerca, digamos, del perfil de un pueblo que se dice muy orgulloso de sí mismo, de vivir aquí, de estar aquí y que, al mismo tiempo, empieza a manifestar un sentimiento muy claro de insatisfacción y a percibir la presencia del mundo exterior en sus perspectivas vitales: la posibilidad de salir de México, la posibilidad de haber salido de México, incluso de estar más al tanto de la existencia de otros países, de otras posibilidades de vida. Esto, en encuestas anteriores, se manifestaba no sólo con salir de México, sino específicamente con la idea incluso hasta de cambiar de nacionalidad, la decisión de haber nacido en otro país; y había respuestas de alrededor de veinte y treinta por ciento de personas que deseaban haber nacido en Estados Unidos, y coincidían curiosamente con personas de alto ingreso y jóvenes. O sea que ahí lo que está planteándose es que quizá estamos en un tránsito; que está empezándose a manifestar muy claramente en la conciencia de los mexicanos el muy impresionante cambio social de las últimas décadas, que creo ha dado lugar a la aparición de un nuevo pueblo, con características muy distintas a la del, digamos, que hizo la Revolución de 1910.

¿No hay una crisis de identidad cuando el mexicano habla de sentirse avergonzado de algunas de sus características, como la forma de trabajar, la deshonestidad en muchos sentidos, y luego muchos de ellos dicen: si tengo la oportunidad, me voy?

Es posible, pero creo que la identidad de un país está siempre en crisis, y que las crisis económicas, sobre todo tan prolongadas como las que hemos padecido, generan una crisis adicional. A mí me parece que el factor fundamental es quizá el cambio tan acelerado de las condiciones y de las características de la población mexicana. En unas cuantas décadas la población mexicana se ha triplicado —de 1950 para acá—; se ha vuelto una población mayoritariamente urbana; se ha vuelto una población expuesta a medios de comunicación que le han traído el mundo a su casa; se ha vuelto una población mayoritariamente joven, importante situación porque no se tiene necesariamente una clara idea o recuerdo de la historia o del lugar de donde se viene; y una población tremendamente móvil, con una extraordinaria fuerza migratoria, tanto dentro del país como hacia el extranjero. El Programa Nacional de Población calcula que cada año, durante esta década, la anterior y la siguiente, migrarán permanentemente a Estados Unidos entre doscientos cincuenta mil y trescientos cincuenta mil mexicanos, lo que se dice rápido.

31

Germán Dehesa, ¿hay crisis de identidad entre el mexicano que decimos ser y el que quizá seamos en el fondo?

En ambos niveles creo que hay unas ciertas trampas. ¿Ha habido alguna vez identidad? Porque para que haya crisis de identidad, previamente tiene que haberse establecido una identidad que vaya más allá del hecho más o menos casual o coyuntural de haber nacido dentro de determinadas demarcaciones políticas, dentro de determinado territorio, y yo creo que en ese sentido tenemos el problema de esgrimir constantemente nuestra originalidad como una especie de argumento compensatorio: los mexicanos ¡qué excepcionales somos!, ¡qué raros somos los mexicanos! Es el mismo manejo que hace la familia Pérez frente a la familia González: los Pérez somos así, somos "vaciados"; los González nunca nos van a entender. Y los mexicanos, ya como comunidad, también reaccionamos de esa manera.

¿Es un mito?

Siento que sí. Lo único que encuentro realmente original y particular en los mexicanos es su insistencia en preguntarse en qué consiste ser mexicano. Por ejemplo, yo no conozco a francólogos que lo hagan; en cambio, los mexicanólogos y los defensores de las esencias patrias hacen carrera, medran, les dan beca y les organizan un seminario en San Diego para que sigan reflexionando sobre las muy sutiles ciencias patrias.

¿Por qué seguimos con esa pregunta elemental?

Creo que ahí hay una especie como de que nos faltó cocción...

¿Es un signo de inseguridad?

Sí; inseguridad que te lleva a decir que estás muy orgulloso de una historia que en realidad no conoces. Es decir, no te compromete a nada que ochenta por ciento responda que está orgulloso de su historia; luego les preguntas sobre la historia de México y te responden unas cosas extrañísimas. Eso por una parte. Luego, que están avergonzadísimos del sistema: 36%. Y finalmente que 40% ya se van; bueno, ya se iban, pero lo que pasa es que se presentaron problemas de liquidez últimamente y no se van a ir.

Pero muchos se siguen yendo, como mencionó Héctor Aguilar Camín: doscientos cincuenta mil o trescientos mil se van a ir.

Y supongo que un importante sector se va por una necesidad imperiosa de índole económica. Y habrá otros, creo que en un nivel muy reducido, que se van porque tienen espíritu aventurero, que lo encuentro más en las culturas sajonas, por ejemplo, que en la nuestra, que tiende más al arraigo, y que cuando se presenta el desarraigo se da en términos de necesidades y de urgencias. Creo que este preguntarse o buscar la definición de lo mexicano y entrar al desmelene con Emilio Uranga es interesante, divertido; ya los poetas de Corinto decían que la luna en Corinto era como en ninguna parte, y, pues, la luna en México, ¿quién puede tener una luna como la mexicana? Son todos nuestros lugares comunes para apuntalar una identidad que está en crisis, que está cambiando todos los días, y a mí me parece muy bien que cambie.

Pero ¿está cambiando la esencia?, porque quizá estamos cambiando sólo los encabezados de los periódicos; ¿estamos cambiando en lo aparente?

¿Qué es la esencia de lo mexicano? ¿Existe esa esencia de lo mexicano? Yo no estoy tan seguro.

Entonces, ¿qué seríamos si no hay esencia?

Es decir, ¿quién posee esa esencia? ¿El tzotzil? ¿El mestizo? ¿El criollo?

O hay varias esencias.

O está en nuestra esencia la mezcla. Y una de nuestras esencias podría ser la vocación y la capacidad de asimilación de lo mestizo.

Aurelio Asiain, ¿hay inseguridad en el mexicano y nos falta esencia o son muchas esencias?

Estoy en parte de acuerdo y en parte en desacuerdo con lo que dice Germán Dehesa. Me llama la atención que la encuesta que se menciona esté hecha en la ciudad de México. El país es enormemente diverso y encuentro pocas similitudes entre un ganadero adinerado de Chihuahua y un tzotzil. Hablar de una identidad del mexicano en ese

33

sentido es muy ilusorio, aunque, por otro lado, el problema de la identidad no sea nada más divertido. Sí hay identidades en las naciones; una de las misiones del Estado es justamente crear una idea de nación, pese a que la nación misma sea más o menos irreal —eso lo ha señalado muy bien Karl Popper. Las naciones son más o menos inexistentes, o, digamos, son realidades que corresponden muy poco a la idea que las representa; pero hay que crear una idea de nación. Y hay rasgos, en efecto, que identifican a los mexicanos, que yo no llamaría "esencias": son más bien, rasgos descriptivos.

¿Cuáles son algunos de ellos?

Los más evidentes: que somos un país mestizo, de habla hispana, europeo por origen y periférico; es decir, un país que está en las orillas de la historia, en las orillas de la civilización, y que si bien es europeo por origen y tiene una cultura mayoritariamente europea, también es un país con sustratos.

Pero ¿racialmente somos mayoritariamente europeos?

Creo que la idea de raza es una idea muy peligrosa de manejar para definir lo que es una nación. Hay un libro que tuvo mucha influencia en los últimos años, un libro que tiene un título atroz: *México profundo*, de Guillermo Bonfil. Ese título habla de un México profundo como opuesto al México superficial; es decir, un México verdadero como opuesto al México falso; un México esencial como opuesto al México accidental. Ese México profundo sería, desde luego, el México indígena. Creo que ésta es una idea totalmente falsa. Llevamos tres siglos de mestizaje; la mayor parte de la población habla español, y la mayor parte de los rasgos de nuestra cultura son de origen europeo. Incluso, la idea misma de la reivindicación de un pasado enterrado es una idea de origen europeo. Las poblaciones prehispánicas no tenían, para empezar, idea de lo otro; no tenían idea de igualdad entre los hombres, ni todas estas ideas que se manejan alrededor de la idea de la liberación del México profundo. Ésas son ideas de origen europeo.

¿Ahí no se genera un choque?

El grave problema de México es que nunca ha sabido o nunca

ha podido poner en paz y en acuerdo a sus dos mitades, digamos.

¿Sigue vigente ese conflicto?

Desde luego; hay un conflicto en creer que vivimos en la Gran Tenochtitlan y a la vez querer ser del primer mundo; el gran conflicto de querer ser (ese mito de hace años y que ya ha desaparecido) la cabeza de América Latina y, al mismo tiempo, la cola de Estados Unidos. Hay una serie de contradicciones que no hemos sabido resolver, y creo que para empezar a resolverlas habría que aceptar primero que somos un país europeo, mestizo y periférico; esto es muy importante. Y ese orgullo de ser mexicano de que habla la encuesta, bueno, ¿orgullo de qué? Cualquier persona que nace en cualquier país tiene un orgullo natural de pertenecer a su país, y en algunos casos con mayor conflicto que en otros. Desde luego, los alemanes tienen más conflicto en ser alemanes que los franceses en ser franceses, porque también es cierto que ese problema de la identidad nacional no es meramente mexicano. Hay países como Japón o Alemania que tienen ahí un conflicto muy intenso y que lo han resuelto de otra manera, por diversas circunstancias históricas. Pero habría que aceptar que México no es el centro del mundo, que México no es la cabeza de la pirámide, que México no es el gran país de la Tierra y que México es un país periférico, y que hay que jugar partiendo de esa conciencia de ser periféricos.

Héctor Aguilar Camín, ¿entonces qué somos?

Creo que somos un país de fundación nacional muy reciente; no en el sentido, digamos, del país que imaginaron las élites, sí en el sentido de la generalización de los rasgos básicos, de las creencias básicas de los mexicanos sobre lo que son. Me parece que es un proceso que casi podría fecharse en este siglo. Como mestizaje cultural, racial, religioso, quizá la mexicanidad, propiamente dicha —lo que hoy llamamos México—, empieza en el siglo XVI, no antes de eso; no hay un México maya: es la civilización maya. No hay un México azteca: es la sociedad azteca. No hay un México prehispánico. Ésas son civilizaciones distintas entre sí.

¿Eran civilizaciones independientes?

Independientes y conectadas por ciertos mitos fundacionales que se reiteran, pero ahí no existe José Gutiérrez Vivó ni la posibilidad de que existan José Gutiérrez Vivó o Héctor Aguilar Camín o Germán Dehesa o Aurelio Asiain, mexicanos. Esa noción es algo que empieza a existir en el siglo XVI y va creciendo muy azarosamente a través del mestizaje, de la mezcla, de la vindicación criolla; es decir, de los hijos de peninsulares, de españoles nacidos en México, que quieren tener más privilegios por el hecho de haber nacido aquí y empiezan a reivindicar la patria americana como un suelo mejor y que, por tanto, merece más privilegios que el suelo español. Y ahí aparece el patriotismo criollo, que es un patriotismo de una fertilidad imaginativa extraordinaria. Es el movimiento básicamente intelectual que se va haciendo pueblo en algunos símbolos, que son también símbolos de una gran mixtura, como en particular y con énfasis, la Virgen de Guadalupe, que es una aportación de este movimiento criollo que se mezcla con una religiosidad popular vinculada a la deidad indígena de la Tonantzin, que encarna en la deidad europea de la Virgen de Guadalupe, que es una virgen mora —tampoco es una virgen precisamente europea—; y también esa extrañísima y fecundísima mezcla da lugar al gran milagro guadalupano, que desde luego no es la aparición de la Virgen, sino la construcción colectiva de la Virgen de Guadalupe, que sigue siendo, creo, uno de los rasgos de la mexicanidad, como la quiera uno poner, al derecho o al revés. Y luego viene la Independencia. Y ese siglo larguísimo y complicado de guerras, en donde luchan las élites, pero nadie se siente mexicano. La guerra contra Estados Unidos en el 47 demuestra que hay muy pocas personas, en el total de la población, dispuestas a defender esto como si fuera su patria. Muchos de los liberales creen incluso, como creía Marx, que quizá la dominación estadunidense no estaría mal para darnos esa industriosidad y esa pujanza que tenían, porque Estados Unidos era modelo del México liberal. Finalmente, el gran momento de la fundación política de la nación mexicana es el triunfo de Juárez y de las tropas liberales contra el imperio de Maximiliano. Pero ahí todavía es un país con unas élites muy separadas de su sociedad. Son élites, las liberales, laicas, antirreligiosas, anticoloniales, antihispanas, en una sociedad religiosa, colonial, hispana. Y la liberal es una comunidad también antiindígena, profundamente antiindígena. En resumidas cuentas, hasta que no llega la Revolución mexicana no hay un reconocimiento en el país, tanto político como mental, de que esto es una enorme variedad de cosas; y hasta que no llega la escuela pública, que se generaliza en toda la población —cosa que no existía hasta ese momento—, no se generalizan también las creencias fundamentales que nos hacen compartir hoy, a todos nosotros, la idea de que somos mexicanos. Son cosas muy sencillas: ese orgullo por el suelo patrio, esta veneración por nuestros héroes. Creo que Germán Dehesa tiene razón en lo que dice: si le preguntas a un mexicano, ¿qué sabe usted de historia?, pues sabe muy poco, pero sí sabe que Cuauhtémoc fue bueno y Cortés fue malo; el padre Hidalgo fue bueno; Morelos fue bueno; e Iturbide fue malo; Juárez fue bueno, Zapata fue bueno, etcétera. Y estamos muy orgullosos de eso. Son cápsulas históricas que se siembran muy temprano, junto con el himno nacional, junto con el orgullo local. La generalización de esas pocas cosas es un hecho que sucede fundamentalmente en el siglo XX mexicano, y, en realidad, de 1940 para acá. Entonces, creo que tiene razón Germán Dehesa cuando dice que esta cavilación por lo mexicano es porque nos faltó cocción. Y diría: a lo mejor es porque todavía estamos en cocción, y esa cavilación obsesiva por lo mexicano es parte del guiso, que no está todavía terminado.

Ahora, Germán Dehesa, si el guiso no se ha terminado de cocinar y estamos en ese proceso, quizá este ejercicio, como tantos que se han hecho, es parte de esa intención; ¿qué le hace falta a ese guiso para que realmente salga bueno, para que no le vaya a faltar alguna especia?

Creo, con lo que dijo Aurelio Asiain, y recordando a Karl Popper, que hay que establecer, hay que inventar, hay que crear, en el mejor sentido de la palabra, el concepto de nación, que pasa por el concepto de Estado, por fuerza. Y quizá es por donde tengamos problemas e indefiniciones.

37

¿Pero hay que inventarlo?

Hay que inventarlo como creación colectiva; es decir, encontrar un equivalente civil y laico de lo que fue la construcción del mito guadalupano —y que se me entienda aquí en qué término estoy usando la palabra mito. Cuando algún ímpetu cívico, laico y secular logre la movilización que logra la Guadalupana, entonces podremos estar hablando de nación mexicana.

¿Hablas de liderazgo? ¿Qué dice Héctor Aguilar Camín?

La elección de 1994 movilizó mucha más gente de la que ha movilizado nunca la Guadalupana, aunque no es, en absoluto, un culto como el de la Guadalupana; pero, quiero decir, hay momentos cívicos nuevos en México que se dan y que se están dando, que se están gestando frente a, por ejemplo, conceptos que uno, por lo menos en su libro de geografía, veía tan sólidos como Yugoslavia, y que de pronto esa nación se volatiliza y ya no existe.

¿Quizá porque en el fondo no fue una nación realmente?

Supongo que porque esta tarea en la que estamos nosotros, de hornear los comunes denominadores que nos permitan zonas de encuentro, zonas de consenso, zonas de acuerdo con los mexicanos, no se dio ahí, y aunque se tenga que dar entre nosotros, no es tan sencillo, porque además hay siempre una fuerza centrífuga. Siento que en México la tensión norte-sur es cada vez más fuerte, más difícil, más pesada. Entonces, ¿qué es lo que puede mantenernos unidos?; ¿qué es lo que puede hacer que esta fuerza centrífuga vuelva a recuperar los equilibrios? Creo que ése es el reto que estamos viviendo en este momento.

Aurelio Asiain, quiero regresar un poco a este sentir, que se escucha en todos lados, esa sensación de que nos está llevando el diablo, de que la culpa es de medio mundo, pero casi menos de nosotros los Pérez, porque la familia Pérez sí contribuye; son los demás los que no contribuyen... Los González son los que nos fastidian. Pero hasta ahí lo dejamos; ¿es sólo una gran quejumbre nacional?

Eso tiene que ver con algo que estuvimos a punto de decir: la idea de nación es algo que se crea colectiva pero también dirigidamente; ésa es la tarea del Estado nacional. Y esa idea de nación tiene como cohesión los mitos, básicamente los mitos fundadores. Me pregunto cómo vivimos nuestros mitos fundadores los mexicanos. Tengo la sensación de que es muy significativo que los héroes mexicanos no sean héroes civilizadores, sino héroes liberadores. Digamos, el héroe fundador para el mexicano es un héroe que nos quita las cadenas, no quien crea la civilización. Ese papel, por ejemplo, no lo tiene Juárez. Lo que Juárez representa en México es el indígena que llega al mundo blanco, y que de alguna manera se hace blanco, como se hizo Porfirio Díaz. Creo que vivimos nuestros mitos fundadores de una manera revanchista. Para mí es muy revelador que el 15 de septiembre sea la única ocasión en que tanto el gobernante como los gobernados gritan juntos ¡Viva México! Pero, además, lo gritan con una sensación como de revancha, de ahora sí somos el centro de la Tierra y aquí no hay nadie mejor y vamos a matar gachupines, como se decía antes. Esa manera revanchista de vivir los mitos tiene que ver con el hecho de creer que México es el ombligo de la Tierra y de pronto darnos cuenta de que al ombligo de la Tierra se le cae la Tierra encima.

¿De dónde salió esa creencia de que somos el ombligo de la Tierra? ¿Fue inducida o es una imagen colectiva?

Muy buena pregunta. Creo que es una idea que está en todos los países, de una manera o de otra, pero que en México tiene características más o menos enfermizas y que viene justamente de la sensación de derrota. Por ejemplo, el mexicano nunca se ha curado de lo que antes se llamaba "el trauma de la Conquista". Y —aclaro— el mexicano es una generalización. Decía La Rochefoucauld que se puede conocer muy fácilmente al hombre en general, pero conocer al hombre en particular es dificilísimo, y el mexicano en general, que es muy fácil conocerlo, creo que sigue viviendo con esa sensación como de humillación, como de aplastamiento...

¿Nos sentimos derrotados? ¿Somos un pueblo derrotado, psicológicamente?

Sí, permanentemente; y como compensación somos el centro del mundo. Ahora, para salir de eso, creo que hay que aceptar las cosas como son; hay que aceptar que somos periféricos y construir una idea de nación que tenga que ver con la creencia en cosas que nos unen y que en estos momentos están en sumo peligro. Por ejemplo, se habla mucho ahora de las autonomías indígenas; la creación de autonomías indígenas nos haría cambiar la idea de nación que venimos construyendo con muchas dificultades desde el siglo pasado; además de que sería impracticable en México por muchas razones de tipo económico, político y social. Lo que hay que hacer es crear una idea de nación fuerte, basada en valores culturales, y que no son aquéllos que están en esa encuesta que se menciona. Se habla de tradiciones netamente mexicanas, como el día de muertos, la venida del Niño Dios, etcétera, y creo, con toda sinceridad, que ésas son zonceras. La misión de un Estado no es impulsar una cultura tradicional; ésta se impulsa sola y si no se impulsa sola es porque no tenía impulso y se acabó. Y si el halloween se impone sobre nuestro día de muertos, es porque nosotros quisimos que se impusiera y ni modo. Eso no se puede manejar ni conducir. La base de la nacionalidad está en otras cosas; justamente en los mitos históricos, en el conocimiento de la historia, en la extensión de la educación, básicamente. Creo que ésa es la solución fundamental de México.

La educación. Ahora, si tomamos por cierto que somos un pueblo conquistado y derrotado... y periférico, diría Aurelio Asiain... y congestionado, añadiría Germán Dehesa, parecería que el que se siente derrotado puede salir de esa situación con triunfos, con victorias. ¿Cómo hacemos eso, Héctor Aguilar Camín?

La idea de decir que somos un pueblo conquistado es como decir que somos aztecas...

Con sentimiento de conquistado, que no es lo mismo —dice Aurelio Asiain.

...Creo que este pueblo mexicano del que estamos hablando es consecuencia de una conquista.

40

¿Y eso no se cura? ¿Otros pueblos cómo le han hecho?

No sé cuáles sean las consecuencias a largo plazo de eso, pero yo no pondría el énfasis ahí. Lo que yo sí creo es que hemos sido un país que, como el imperio que construyó esta nación, se quedó en las orillas del mundo moderno, y hemos vivido, como país independiente a partir del siglo XIX, el gran desafío, casi siempre fracasado, de incorporarnos a ese mundo moderno que nos dejó atrás cuando éramos todavía una posesión del imperio español, que se quedó atrás; y el siglo XIX español es, en ese sentido, la historia de una gran inmovilidad y de la pérdida final de sus posesiones. Se quedó atrás del capitalismo, del industrialismo naciente, de las nuevas corrientes comerciales y, sobre todo, se quedó atrás de lo que iba a ser el gran motor del desarrollo capitalista, que es el conocimiento, la ciencia y la técnica.

Es decir, ¿somos un pueblo rezagado?

Somos unos rezagados respecto a lo que fueron las vanguardias mundiales efectivas, y lo siguen siendo, y nuestro trabajo desde entonces ha sido, primero, constituirnos como una nación, en lo cual creo que México es una de las historias exitosas, de la historia mundial, de una fundación nacional, con todos los agravantes de lo que esta invención, esta creación imaginaria estatal, pero también cultural, necesita. Pero nuestro gran problema ha sido —y así está planteado desde el siglo XIX— estar a la altura del concierto de las naciones, del banquete de la civilización, del progreso de las naciones; luego, en el siglo XX, del desarrollo; y ahora, a fines del siglo, de la globalización.

¿Esto quiere decir que queremos ser pero no podemos?

Sí; y nunca nuestras modernizaciones han sido completas; siempre han quedado cojas; siempre nos hemos quedado atrás, porque es algo que no se puede imponer ni decidir desde arriba. Eso es una construcción como la de la democracia, que viene desde los fundamentos de la sociedad misma, y en este sentido México ha tenido modernizaciones siempre parciales y siempre escindidas. Una parte de la sociedad mexicana se ha quedado atrás; otra parte de la sociedad mexicana ha podido empezar a formar parte de esa sociedad de las naciones civi-

41

lizadas o de ese mundo desarrollado, pero el efecto interno ha sido una tensión creciente, digamos, entre el México moderno y el México tradicional, sin que esto quiera decir ni una división tajante, ni desde luego la idea de que hay un México superficial y un México profundo. Ahí están los dos, y el que tiene vitalidad, el que ha tenido fuerza histórica, porque es parte del movimiento mundial, es el México moderno...

Que por cierto es minoría.

No sé qué tan minoría es. Es decir, es una minoría que quizá está representando para estos momentos treinta o cuarenta millones de mexicanos; una minoría que ya es una densidad humana muy lejos de los dos mil criollos que querían hacer la independencia en 1810.

Estamos hablando de casi la mitad de los mexicanos de hoy. Ahora, esa otra mitad, si debe venir de abajo, de los cimientos, el deseo de pasar a ese mundo desarrollado, ¿cómo le hace?; ¿cómo se le comunica?; ¿no se le comunica?; ¿se le ordena?; ¿la dejamos sola?

Estamos ahí en un problema también muy fuerte. La Revolución mexicana pudo cuajar los andamios básicos de la invención de la nación mexicana, finalmente reconciliada con todos sus pasados y finalmente con un Estado capaz de atender a todos los sectores y ofrecerle a cada quien un panorama de crecimiento y de esperanza. Y así fue. Y esa fundación posrevolucionaria tuvo un producto fuertísimo, que está todavía entre nosotros y que podríamos resumir llamándolo nacionalismo revolucionario. Fue una idea de la historia, según la cual toda la historia de México culminaba en la Revolución mexicana y en este nacionalismo; una idea de quién era nuestro adversario histórico: Estados Unidos; una idea de quiénes eran los enemigos internos, que eran básicamente los reaccionarios y la Iglesia; una idea de quién era el ancla salvadora de la nación, que era básicamente el gobierno, sus presidentes, y cuáles los instrumentos básicos de este Estado, la capacidad de intervenir en la economía, de nacionalizar las cosas. El petróleo, por extensión de esto, se volvió y sigue siendo uno de los símbolos de la nacionalidad. Ese modelo de nacionalismo revolucionario encarnó en un Estado muy exitoso. De 1940 en adelante,

México fue un país con alta estabilidad política y alto crecimiento económico. Pensemos ahora en las tasas de crecimiento de seis por ciento anual que algunos despreciábamos en la década de los sesenta y que ya las quisiéramos para un fin de siglo y un fin de fiesta a toda máquina. Fue exitoso también educativamente; sembró todas esas cosas que eran las peculiaridades de una economía protegida, de una economía en la que había que construir una industria nacional, una burguesía nacional; todo había que construirlo, y algo de eso se construyó. Pero la realidad del mundo nos vino a decir, por ahí de los ochenta, que ese modelo tampoco servía y que ese gran esfuerzo había dado sus resultados, pero necesitaba cambiarse si queríamos otra vez ponernos a la altura de las naciones civilizadas.

¿Y cambiamos?

En ese tránsito estamos. No hemos cambiado del todo. El cambio ha tenido sus costos y, sobre todo, ha desafiado muchas de las creencias profundas, sembradas en esas décadas de estabilidad y éxito, de lo que era lo propiamente mexicano, como si esas peculiaridades del momento histórico fuesen efectivamente parte, por la educación, de lo que los mexicanos somos. Hoy escuchamos a mucha gente decir que el petróleo es parte de la nacionalidad de México. No entiendo por qué el petróleo es parte de la nacionalidad de México y las playas no, o los bosques, o el aire que respiramos. No entiendo por qué el petróleo no puede ser simplemente un bien que los mexicanos tenemos y que debiéramos explotarlo de la mejor manera posible como un recurso y no como una parte de nuestra identidad. Bueno, sí sé por qué: porque esta fundación de la nación mexicana de la época posrevolucionaria fue la exitosa y es la que sigue, de alguna manera, dominando nuestro horizonte de sensibilidad hacia lo que México es y debe ser.

Se han mencionado términos especialmente importantes para mí: que seguimos con la cicatriz de la Conquista; que somos el cabús, de alguna manera, de la economía; que queremos ser de primera y no podemos y nos frustramos. Recuerdo, Germán Dehesa, haber recibi-

43

do —durante las discusiones del TLC— llamadas de personas que decían ¿por qué no nos dejan en paz los tecnócratas del primer mundo? Los mexicanos no queremos ser estadunidenses; queremos seguir viviendo como nosotros hemos vivido, quizá un poco mejor, pero es todo. ¿Sigue existiendo el choque entre esas dos versiones de México?

Supongo que sí, pero esas personas que llamaron y te decían "como nosotros hemos vivido", ¿de cuánto tiempo hablaban? Estamos hablando exactamente de este modelito que alcanzamos a armar en treinta o cuarenta años, no más; no están apelando al modo de vivir del XIX, que era otro, y a los mil modos de vivir que hay en México. Son todavía visiones muy estrechas, reduccionistas. Y por otro lado, ¿a dónde vamos? Es decir, no nos dejan en paz; ya nadie se deja en paz; estamos frente a la brutal globalización. Entonces de lo que se trata es de encontrar cuál es nuestro nicho exacto, cuál es nuestra condición exacta; y entender que hay una capilaridad tan ramificada, tan rica e importante, que ya no se puede invocar este argumento de que nos dejen en paz; como si dejándonos en paz sucediera algo y como si hubiera una paz interior realmente en México.

O por lo menos que no suceda, ¿a lo mejor algunos quieren que no suceda nada?

Pues sí, pero son actitudes de señora queretana, que es mi arquetipo: yo nada más me pongo para que me hagan. Creo que hay más cosas.

¿Estamos buscando un nicho? Si tuvieras que pensar —no porque tú lo decidas— cuál es el nicho de nosotros los mexicanos, ¿cuál sería éste?

Creo que el de un país... yo no sé si la palabra periférico —a lo mejor por sus connotaciones viales me resulta tan agresiva—, pero indudablemente si no somos ese ombligo del mundo, sí somos un país con una magnífica oportunidad, que es la enorme frontera con el mercado más grande del mundo, que es Norteamérica, y eso curiosamente lo vivimos como maldición...

¿Es la historia?

Y es el peso de esta cultura que en muchos términos nos rebasó y que entonces se convierte en el objeto de nuestro desprecio, porque tendrán mucho dinero, pero son muy "nacos"; no tienen esta hondura de sensibilidad, no lloran con el "Cielito lindo"; no tienen...

¿Es un poco como la que me dijo que no, que entonces es una de la calle, es una tal por cual? ¿Como no puedo yo con Estados Unidos, entonces lo voy a denostar?

Ésa sería una de las partes importantes. Qué relación tan extraña, porque, de pronto, cuando quieres hacer valer lo que traes en la mano, que es de allá, entonces sí te da orgullo que sea estadunidense y que todavía alcanzaste a comprarlo con los últimos dólares que salieron a tres pesos. Y por el otro lado: malditos gringos, esto y aquello. Y esta relación tan ambigua, tan desgarrada, nos lleva a una especie de inmovilidad, que nos hace desaprovechar cosas y oportunidades muy importantes. Y quizá los únicos que las están aprovechando son estos reconquistadores hormiga que van poco a poco. Esto de que venimos de una conquista, ¡pero vamos a otra! Es decir, mediante módicas cuotas a más tardar en siglo y medio nos tendrán instalados en Norteamérica. Es un poco el trauma de la Conquista en lo que es la historia total de una nación: ¿seremos conquistados?, ¿conquistaremos? Nos pasarán todas las cosas. Lo importante es que la idea de nación se mantenga y que no seamos hijos ni del trauma ni de la victoria, sino de toda esta cantidad de avatares que se van dando en la historia de un pueblo. Entonces, en esas condiciones avanzamos sobre Norteamérica; vamos ganando espacios allí; vamos estableciendo esta condición de vecinos muy agresivos. Como que todos los días denunciamos la agresividad estadunidense: que el halloween ya sustituyó al día de muertos; que ya no se toma el agua de chía —sabía horrible, además— y ahora se toma coca cola, etcétera. Y no nos damos cuenta de qué manera estamos penetrando en la cultura estadunidense y la estamos modificando de muchísimas maneras.

Pero es a través de la vía de la pobreza y de la miseria; no estamos yéndonos a Estados Unidos como un turista de lujo que se va a un hotel de cinco estrellas: nos estamos yendo jugándonos la vida.

Sí.

Entonces no es algo orquestado, pensado, que en siglo y medio vamos a "conquistar ese país", sino que es producto de miserias.

Pero pensado o no pensado se está dando, y estas comunidades hispanas tienen un peso, una energía y una vitalidad enormes, en una sociedad que, además, ha sido siempre eso: el gran caldero donde se encuentran todas las razas. Yo no sé si ese caldero, a diferencia del nuestro, ya llegó a su punto de saturación y ya no resiste más elementos.

¿Habría entonces, Aurelio Asiain, un fenómeno de resentimiento pero también manejado con esa doble personalidad de la cual ya no nos damos cuenta? ¿A ratos somos lo que dicen Héctor Aguilar Camín y Germán Dehesa y a ratos somos muy mexicanos y muy conscientes?

Sí; pero me llama la atención que tanto a ti como a Germán Dehesa parece que les hizo un poco de cosquillas en el oído la palabra "periférico". Insisto en que sí somos un país periférico. ¿En qué sentido? No somos uno de los centros de la economía mundial, en primer lugar. No somos uno de los centros de la cultura mundial; es decir, en cuanto a la producción de bienes culturales no somos uno de los centros...

¿Pero no se nos ha hablado mucho de la riqueza de nuestra cultura?

También los salvadoreños tienen una cultura salvadoreña riquísima, según ellos.

Entonces, ¿éste es otro mito?

Claro; no producimos la cantidad de libros que produce Francia. Los periódicos mexicanos tiran, según ellos, ciento cincuenta mil ejemplares. El periódico más leído en Japón tira algo así como tres millones. No somos un centro de cultura mundial. Así que somos un país periférico; somos, además, un país que proviene de Europa, como cultura, como identidad nacional —insisto en eso— y hay que aceptarlo. Estamos al lado de la gran potencia mundial; tenemos frontera con

Estados Unidos; estamos en la periferia de Estados Unidos. Yo no me arrogaría las virtudes de la invasión de la cultura mexicana y la transformación de la cultura estadunidense por nuestros braceros. Eso no es un motivo de orgullo para nadie. Es un producto de nuestras infinitas desgracias económicas y sociopolíticas...

Y de injusticias —añade Germán Dehesa.

Bueno, una injusticia es una desgracia...

Esto no es una cuestión de orgullo: simplemente la comprobación de que hay un fenómeno —enfatiza Germán Dehesa.

Pero me sonó un poco a decir: bueno, nos invade la coca cola, pero nosotros estamos vendiendo tacos en Nueva York. Se habla de la gran vitalidad y de la gran energía de la emigración mexicana hacia Estados Unidos. Comparemos los grupos de emigrantes en Estados Unidos; creo que la emigración mexicana deja mucho que desear en muchos sentidos, como vitalidad, como energía, como capacidad de organización. Eso sí: es mucho más numerosa y está representando problemas gravísimos, tanto para México como para Estados Unidos.

¿Sientes que nuestra aportación no es similar a la de otras nacionalidades?

Siento que el comportamiento de nuestros compatriotas en Estados Unidos queda muy por debajo de las otras emigraciones. Se ve muy claramente, por ejemplo, en los niveles que alcanzan en las universidades los distintos grupos.

Los asiáticos son los número uno.

Los número uno, sí, y los hispanos están por debajo de los negros, que ahora llaman "afroamericanos". Yo no me arrogaría ningún orgullo por eso. Lo más importante para solucionar todo esto es la educación; la educación en una versión muy amplia, primero: en el sentido de la instrucción pública; tenemos un grado brutal de analfabetismo, aunque se diga que no, y sobre todo de analfabetismo funcional. Pero, además, la educación en otro sentido: México es un país que nunca ha acabado su proceso de civilización o de ciudadanización; no tenemos ciudadanos reales en México, aunque en esto se haya avan-

47

zado mucho en los últimos años y cada vez existan más ciudadanos, con conciencia de sus derechos y deberes y con comportamientos cívicos reales. Pero es un proceso al que le falta mucho todavía. En la encuesta mencionada se habla, como en muchas, de la corrupción. El problema con la palabra "corrupción" es que implica algo que antes no estaba corrupto; es decir, éramos impolutos y buenos, y después nos corrompimos. No. Creo que las cosas no son así. Eso que llamamos corrupción es justamente falta de civismo y de moralidad pública, de una serie de cosas que tienen que ver con la falta de educación, en el sentido amplio, que sería para mí la gran tarea para resolver todo esto.

Ésta es una conclusión; Héctor Aguilar Camín, si tuvieras que hacer algún tipo de reflexión de por dónde empezar a entender todos estos fenómenos, ¿qué sugerirías?

Volvería a lo que te dijo la gente que te llamó por teléfono: "que nos dejen en paz", y a la reflexión que hizo Germán Dehesa en relación con eso. No nos pueden dejar en paz, no nos van a dejar en paz, no nos han dejado en paz. Desde que quedamos incorporados, efectivamente, a la historia de Occidente —creo que eso fue con la conquista de México por el imperio español—, el mundo exterior, la modernidad y las vanguardias de ese mundo no nos han dejado en paz ni nos van a dejar en paz. Esas vanguardias que jalan finalmente el desarrollo del mundo caminan mucho más rápido que nunca, y en el curso de este siglo han provocado por lo menos tres grandes reacomodos del mundo. No hay posibilidad ninguna de que México se quede en paz frente a lo que sucede en el exterior, y esto quiere decir exigencias muy fuertes de tratar de competir, de ponernos en la sintonía de eso que está sucediendo, para que no nos arrase, porque de cualquier modo, de grado o por fuerza, esto tenderá a suceder. Y esto implica desafíos muy sustanciales a nuestras creencias, a nuestras creencias aldeanas. En todo nacionalismo hay aldeanismo, la idea de que el pueblo de uno es el mejor pueblo del mundo. Si eso no existiera no existiría el sentido patriótico ni el sentido nacional, pero como pocas veces en nuestra historia, las evidencias de que no somos

48

el centro del mundo nos desafían; las evidencias de que nos podemos volver incluso mucho peores de lo que éramos nos desafían; y lo que necesitamos entonces es un liderazgo, por una parte, capaz de poner al país cerca de esas exigencias y hacerlo menos vulnerable, y por otra parte, una sociedad también más dispuesta a aceptar sus limitaciones y a quitarse de encima lo que es una de las grandes cargas del modelo cultural anterior de cómo es este país, y que tiene que ver, creo, con esta presencia de un gobierno grandote, paternal, que nos daba todo. En efecto, nos daba muchas cosas, incluida la corrupción, incluido el autoritarismo, pero también seguridades, tomaba las decisiones por nosotros. Bueno, ese gobierno grandote ya se acabó, y parece que nos cuesta muchísimo trabajo aceptar que ahora también nosotros, los que hemos estado pidiendo que el gobierno nos haga democráticos, porque es lo que hemos estado pidiendo, y nos dé la oportunidad de manifestarnos, ahora que lo tenemos y que el gobierno ya no tiene la fuerza que tenía antes, tenemos que asumir nuestras propias responsabilidades y hacer lo que nos toca. ¿Qué es lo que nos toca? Eso es lo que cada quien tiene que definir. Pero la preocupación, la exigencia aldeana, la quejumbre nacional de que se habla aquí, es fundamentadamente una quejumbre contra el gobierno, contra ese papá que no queríamos tener y que ahora, cuando efectivamente ya no es un papá sino una especie de hermano que tiene muchos defectos, nos empieza a resultar todavía más intolerable y menos grato que el papá grandote de antes.

¿Ahí está el conflicto? ¿Alguien que quería que su padre se fuera de la casa porque era muy autoritario, y el día que finalmente se medio va, entonces le llora?

Y todos lloramos, y entonces queremos ahora que nos resuelva todo; es decir, que el gobierno haga todo.

Éste es un asunto para el psiquiatra.

Lo que pasa es que no hay psiquiatras para las naciones. Para las naciones los psiquiatras se llaman guerras civiles, y yo quisiera no tener psiquiatra.

¿El equivalente es liderazgo?

Es liderazgo. Pero ¿cómo construyes un liderazgo con señales tan cruzadas? Quieres un liderazgo democrático, por una parte, y por otra, quieres un presidente que sea firme, que sea claro y que gobierne. No es fácil, es una mezcla un poco complicada, como la que arroja la encuesta —estoy muy orgulloso pero, al mismo tiempo, si tengo oportunidad me voy de mi país. Esas ambigüedades están ahí y con esos bueyes hay que arar, como diría Germán Dehesa. Es un país muy viejo, pero creo que tendrá reservas morales e intelectuales para salir adelante.

Germán Dehesa, ¿alguna reflexión final?

Sí; estoy de acuerdo con esto que ha dicho Héctor Aguilar Camín. En el momento en que estamos, en que curiosamente esperamos a ese líder que nos va a llevar sin preguntarnos a instalar de golpe en la democracia —¡cómo que sin preguntarnos!—, lo que en el fondo anhelamos es el regreso del viejo padre autoritario. Entonces, como que tenemos que reaccionar, hacerlo rápido y madurar, y creo que es una de las posibilidades de los mexicanos el madurar de golpe. Curioso país que avanza a veces de manera espasmódica, por lo menos en la parte visible de su espectro. ¿Orgullosos de nuestro pasado? Pues eso no compromete a nada, comprometería mucho más si no estamos orgullosos de nuestro pasado; entonces, tengamos la dignidad y la audacia de proyectar un futuro, y un futuro común. Creo que ahí está la apuesta importante, y es ahí donde está atorado México: no se atreve a pensar en el largo plazo; todo es vivir al día, y así no se puede vivir.

¿Por qué no tenemos esa visión de largo plazo? ¿Nos da miedo?

No entiendo, pero me parece que ahí está la apuesta importante de México; es decir: voy a sembrar este árbol, en donde yo no me voy a columpiar sino mis nietos o los nietos de la señora queretana, pero voy a sembrar ese árbol.

¿Pero algo lo impide? ¿Por eso la pregunta seguirá vigente? Parece que hay algo que nos impide ver el largo plazo.

50

Pero creo que vamos abriéndonos hacia esa posibilidad, porque tenemos que entender que así como hay una gravitación en el pasado, hay también una capacidad de fascinación hacia el futuro, y creo que eso es lo que puede permitirnos finalmente cuajar y salir del horno y ser nación.

¿DEVERAS TODOS SOMOS IGUALES?

Colaboran: Marta Lamas, Armando Barriguete
y Jaime Litvak

En otra encuesta, con características similares a la llevada a cabo en torno al concepto de Identidad mexicana —esto es: trescientas personas adultas de extracción socioeconómica alta, media y popular—, se buscó establecer opiniones respecto a la discriminación.

Mucho se dice que México es un país de oportunidades, y aunque la encuesta confirma esta idea, la mayoría de los encuestados (59%) manifiesta que las oportunidades no son iguales para todos; que hay preferencia por personas de altos ingresos (20%), por quienes están recomendados (27%) o por aquellos que poseen un alto nivel escolar (27%).

Asimismo, y ante el supuesto de que dos personas con similar experiencia solicitaran un mismo empleo, se considera que habría inclinación hacia recomendados (56%), jóvenes, en detrimento de personas de edad madura (43%), no indígenas (28%) y de buen ver o agradables a la vista (28%).

Corolario de lo expuesto es que para la mayoría de los encuestados (81%) existe algún tipo de discriminación en nuestro país, particularmente de naturaleza económica (40%) y racial (35%); es más intensa esta percepción en los estratos socioeconómicos medio y superior y entre los más jóvenes.

Cuarenta y cuatro por ciento de los consultados señala conocer a alguna persona que ha sido víctima de discriminación y 25% manifiesta haber sido sujeto directo de discriminación.

Los entrevistados opinan que es muy grave o grave la existencia de discriminación social o hacia personas de escasos recursos (87%), cultural o hacia personas de escasa cultura (82%), racial o por el color de la piel (66%) y sexual o hacia las mujeres (66%).

Como contraparte, la mayoría se inclina a pensar que en nuestro país no es grave la discriminación de tipo religioso (61%).

Si bien se considera que en México existe discriminación, 63% de las personas lo asume como un problema de segundo orden, sin que exista uniformidad en cuanto a si actualmente existe más discriminación respecto de años anteriores (véase Anexo 2).

Marta Lamas, ¿qué es racismo?

Empiezo por plantear ¿qué es discriminar? En español quiere decir diferenciar, discernir o distinguir, apreciar en qué son distintas dos cosas. El problema es que en esa apreciación ya se involucra una valoración y, de alguna manera, se aplica un trato distinto de inferioridad o superioridad. Entonces, la discriminación por motivos raciales es racismo; por motivos económicos se suele llamar clasismo; por motivos de sexo, sexismo; y de ahí vienen todos los ismos. Pero discriminar es esta dificultad de aceptar la diferencia sin traducirla en desigualdad.

¿En México qué tan acendradas están, entonces, estas diferencias?

Mucho; porque el problema es que la diferencia sí existe; es decir, todas las sociedades humanas lo primero que hacen es, al interior de ellas mismas y con respecto a los grupos que las rodean, marcar diferencias, distinguirse, discernir. Por eso es necesaria una cultura democrática, en el sentido esencial de ese término, que pueda tolerar y aceptar que hay personas diferentes, pero que tienen una equivalencia en términos de ciudadanos. Considero que en México sí hay racismo, y que además es un racismo mucho más difícil de abordar o de tratar, porque en paralelo hay una idealización de lo indígena, existe un indigenismo que hemos venido alimentando y exaltando. Entonces se evidencia una contradicción de términos: en la práctica se discrimina totalmente a las personas con rasgos indígenas, de piel oscura, pero a la par circula un discurso en donde se habla de nuestras raíces y de lo importante de la cultura prehispánica. Se trata de un racismo menos evidente o brutal que el de otros países; por ejemplo, contra los negros o contra cierto tipo de minorías étnicas, pero aquí prevalece una cuestión paradójica.

¿Se podría decir que hay una cierta simulación? Al reconocer que existe ese racismo, ¿tratamos de alguna manera de paliarlo a través de un discurso exaltado a favor del indigenismo?

No sé si se trate de un pensamiento voluntario o si más bien haya sido un proceso que se ha dado paralelamente; es decir, nos enfrentamos a la discriminación a cada rato: si es indio, si es naco; o, al contrario, al privilegio de ser güerito, de recibir cierto tipo de "bonus" por tener un cierto aspecto físico. Y creo que el discurso exaltador tiene que ver con otro tipo de proceso, que es la constitución de la identidad nacional, donde es necesario exaltar la cuestión indígena de una cierta manera. Lo vemos claramente, sobre todo, en escuelas primarias; un tipo de conflicto del maestro o maestra que tiene preferencia por los güeritos del salón pero al mismo tiempo está hablando de Cuauhtémoc o de nuestras raíces...

¿A pesar de que la maestra no sea güerita?

A pesar de eso. Ahí existe un nivel de ceguera muy interesante. Muchas veces son las personas menos güeritas, o con más rasgos indígenas, las que son más crueles y más racistas con la gente que las rodea. Ése es un fenómeno común.

Armando Barriguete, es indiscutible que en México existe el racismo; pero en la práctica, desde el punto de vista de la mente de las personas, ¿cómo es que se lleva a cabo esa conexión entre lo individual —yo, persona, que discrimino a equis tipo de personas— y cómo la relaciono con el tipo de sociedad donde vivimos? ¿Cómo la matizo? ¿Cómo la simulo?

Una característica de la conducta del mexicano —que no es específicamente del mexicano; estamos hablando de México— es que para poder certificar la veracidad de un aserto en lo que una persona dice, tenemos la obligación de compararlo con su conducta. Si son coherentes uno y otra, decimos que es una verdad; si no son coherentes, decimos que lo que pasa es que nuestra máquina de pensar está más adelantada que nuestra máquina de actuar. Quiero decir con esto que en México exaltamos la posición del indígena pero criticamos severamente lo que los españoles hicieron a los pobres aztecas, cuando, en realidad, hoy existen cinco millones de indios en el país que brutalmente maltratamos nosotros.

¿Seguimos siendo conquistadores?

Lo que sucede es que somos, para decirlo muy rápidamente, una mezcla de español con indio, y esa parte que ha despreciado al indio, llamada española, la tenemos clavada todavía en los huesos y no queremos reconocerla, aunque en nuestros actos de conducta aparezca muy evidente. Si realmente quisiéramos, la población amaría al indio, lo protegería, y no tendríamos a cinco millones en la penuria, en la miseria, en el vicio, en la insalubridad. Es por eso que decimos que el mexicano habla mal del español conquistador para tapar la parte de español que él tiene, y que con ella actúa sin reconocerla. Pero somos igual de crueles, y como me siento tan culpable en mi parte española por seguir haciendo aquello que hizo el conquistador, eso lo necesito tapar, reprimir, odiar...

Pero aquel mexicano que critica al español, no obstante que también tiene sangre indígena, ¿cómo maneja los dos elementos? ¿Cómo maneja esa ambivalencia?

Ése es el que tiene más de español, psicológicamente, porque hablar de sangre española es un decir. Generalmente, queremos referirnos a costumbres occidentales o a costumbres de nuestro pueblo antiguo. Y no podemos negar que en nuestra conducta, organización de pensamiento, criterios sociales, nacionales, políticos, somos occidentales. En Huitzilopochtli ya no creemos; creemos en Jesucristo, en la Virgen de Guadalupe, y conservamos aquello de las costumbres de nuestro pueblo antiguo como un buen recuerdo de lo que fuimos, pero sin que afecte gran cosa nuestras acciones. En nuestra conducta vestimos tipo europeo, vivimos en casas tipo europeo, comemos tipo europeo; toda nuestra conducta ha sido asimilada, y el indio que queda es uno al que realmente odian, aborrecen y discriminan los mexicanos; y aunque todos nos decimos mexicanos y nos sentimos muy cercanos, con el indio ya no tenemos en común casi nada.

Me imagino, Jaime Litvak, que en el desarrollo de un país es muy importante que una familia —si se me permite llamarla así— de más de noventa millones de personas tenga una identidad y se acepte a sí misma. Si no, imagino complejo el avance y el proceso. ¿Qué ocurre con la familia mexicana?

Creo que todo el proceso es mucho más complicado de lo que se nos ha dicho. Para empezar: los españoles no mataron a los indígenas; se practicaron distintas estrategias para tratar a los indígenas durante la conquista española. En el centro de lo que hoy es México los españoles no mataron a los indígenas: tuvieron hijos con sus mujeres. Para el siglo XVII, ya casi no hay indígenas, entre otras cosas por las epidemias, pero hay mestizos —es el centro de México. En el sur de México —y considérense algunas consecuencias a problemas en Chiapas y Yucatán hoy—, tenemos una separación de comunidades, en donde los españoles llegan, se asientan en lugares y mandan a un administrador a cuidar la hacienda que manejan indígenas. En el norte sí matan a los indígenas; es la misma estrategia de Estados Unidos, de Argentina y parte de Chile. Cada estrategia genera una manera distinta de ver el problema. Ahora bien, por encima de esto tenemos una filosofía que abarca este problema y que es importante. Estamos en la época de Aristóteles como el gran filósofo; y Aristóteles define que hay dos tipos de razas: las que están hechas para servir y las que están hechas para ser servidas. Esto es Aristóteles; es la filosofía de los griegos —griegos contra bárbaros—; es la misma filosofía que manejan los españoles, los ingleses, los franceses, los holandeses en su conquista de América. Y esto nos llega. Por esto nos dan tanto; hasta aquí le toca a España y hasta aquí le toca a Portugal. Encima de esto tenemos el planteamiento, muy

57

real, de ¿qué hacemos con las mezclas? ¿Deveras tenemos el derecho de hacer trabajar a los indígenas hasta que se mueran o, si los vamos a respetar como personas, podemos cruzarnos con sus mujeres sin tener en cuenta que vamos a producir bastardos? Ésta es la gran discusión de Las Casas; es su argumento más importante para la definición de la humanidad del indígena; aunque —especula— quién sabe si el negro lo sea. A partir de entonces, tenemos una migración constante hacia México y toda América, que va a ser complicada también. Nos van a llegar blancos de distintos lugares de Europa en función de lo que va pasando en Europa; luego nos van a llegar chinos, japoneses y filipinos; nos llegarán negros constantemente, para servir en distintas formas en la sociedad —al negro se le usa en la minería, en la zafra, que es el gran factor económico en la Conquista. Y todo esto nos va a traer distintas maneras de ver al indígena. Olvidémonos del discurso político. Lo importante es qué estamos viendo: vemos a distintos indígenas. En el centro de México la discriminación por color existe, pero es menos importante que la discriminación por dinero y cultura. Si usted tiene un buen carro, una buena tarjeta de crédito y está bien vestido, el color pasa a segundo término. En el sur sí existe un problema real por el color; en el norte casi no. Son éstas formas distintas de discriminación; ninguna de ellas es agradable.

México era un país —y éste es quizá el problema a futuro— con una enorme capacidad de fusión social. Aquí alguien podía ser hijo de un albañil, de una criada, de un campesino; llegaba a la ciudad, estudiaba, se ponía a trabajar, ganaba un poco de dinero y el hijo ya estaba en la clase media. Uno de los efectos más agudos de la crisis y de lo que ha pasado en los últimos años es que el abismo se ha ampliado y hecho más difícil ese paso; y esto involucra una gran dosis de racismo, porque esta gente que llega son campesinos de componente pronunciado indígena, y éste es quizá el problema grande de México a futuro.

Estamos terminando el siglo XX, Marta Lamas, y es preocupante el hecho de que la discriminación y el racismo sigan frenando, de alguna manera, la integración y el desarrollo del país. ¿Qué podemos hacer a este respecto?

El problema es muy grande en el sentido clasista que señaló Jaime Litvak, porque son realmente los jóvenes que están estudiando en universidades públicas o que terminaron la preparatoria o el Colegio de Bachilleres los que van a enfrentar este proceso de selección; proceso que realmente hay que matizar porque, por un lado, está la cuestión de la "buena presentación", y esto es un término muy ambiguo. La buena presentación no sólo posee un componente racial, sino también otro tipo de elementos más sutiles de carácter estético. Es decir, si se trata de una morenaza muy guapa, si la chica está "buenísima", a lo mejor no importa que sea morena y se la prefiera sobre una blanquita, pero flaquita, con sus anteojitos y sus trencitas.

Aunque nuestro tema es la discriminación y hemos de centrarnos básicamente en la cuestión racial, debo señalar que hay otro tipo de discriminaciones, muy sutiles, que están empezando a pesar en este final de siglo. Creo que con el racismo, como con el sexismo y el clasismo, existe ya una cierta conciencia de que son prácticas negativas, injustas, que no se deberían llevar a cabo; es más, hay ciertos recursos legales para poder enfrentarlas. Pero, por ejemplo, la homofobia, que es el miedo, el temor hacia las personas homosexuales, es en este momento la práctica discriminatoria menos reconocida y que ya está funcionando mucho en la política de selecciones de trabajo. Una persona puede defenderse si se siente discriminada por cuestiones raciales y confrontar esa discriminación, buscar a un abogado, hablarle a la persona y decirle: "Oiga, usted me está negando el trabajo por mi apariencia y por mi aspecto; hágame pruebas". Se sabe que hay un nivel de injusticia que no debería existir y nuestra propia constitución garantiza esa no discriminación. Pero en cuanto a ser homosexual y tener que negar esa orientación sexual para aparentar ser quien realmente no se es porque eso puede significar no conseguir un trabajo, o exponerse a que lo corran, son elementos que en este final de siglo están empezando a distinguirse en este tejido discriminatorio general; apenas están cobrando una vigencia discursiva, con un peso simbólico in-

59

tenso, porque no hay una clara conciencia de su existencia. Es decir, grandes grupos de la sociedad consideran que la homosexualidad es una enfermedad o una patología o una cosa mala, y lo que quieren es alejar a ese tipo de gente; y, por eso, un sector importante de la población está viviendo una discriminación muy específica, sin tener el recurso para poder argumentar que eso es una forma de discriminación.

Yo veo un entretejido que está roto en diferentes partes. Como señaló Jaime Litvak, cuando hablamos de México hay que ver de qué México estamos hablando. El impacto simbólico de los zapatistas prendió en un cierto sector de la juventud mexicana y provocó una idealización de lo indígena; en otros ámbitos, al contrario, ha tenido un efecto muy negativo: "pinches" indios que andan ahí de alborotadores y que no son capaces de sentarse a una mesa de negociación. El mismo hecho genera, según los grupos sociales, una respuesta diferente; pero hay una cosa indudable: a trompicones, con problemas, con una crisis económica tremenda, México sí está haciendo una transición hacia la democracia, y obviamente un discurso democrático y un clima democrático van a permitir el reconocimiento de diferentes tipos de discriminaciones y se van a empezar a abrir vías para resolver legal y socialmente este tipo de cosas.

En una población, Armando Barriguete, que se podría decir que es de origen indígena o con rasgos indígenas, ¿qué clase de procesos mentales o resentimientos se generan cuando siente que quizá haya una minoría, con apariencia europea o estadunidense, que de alguna manera le impide avanzar, o cree que le impide avanzar, en muchos campos, que pueden ser el estudio, el trabajo?

La estética, el color, el tamaño o la forma siempre están relacionadas con el destino que sufre cada uno. Es decir, quienes dijimos que es más bonito el güero que el moreno fuimos los mexicanos. ¿Por qué? Porque el color lo asociamos con el poder, el prestigio, el dinero y con una posición en donde al blanco se le lastima menos que al prietito, que está sometido a una serie de injusticias. Entonces, se "colorea" una situación económica y social.

60

¿El éxito es blanco?

En efecto, el éxito es blanco. La discriminación o la rabia hacia aquél que presenta una característica puede ser vilipendiada en una sociedad, y yo, Armando Barriguete, quisiera quitármela de encima. Yo, Armando Barriguete, tengo un indio dentro de mí, tengo un homosexual dentro de mí, tengo un flojo dentro de mí; tengo todas esas composiciones, y con todo eso he logrado hacer lo que represento y actúo; pero en términos de identidades y de posibilidades instintivas, también tengo todo eso. Una forma ilusoria de poder eliminar esa parte, digamos, débil o señalada como mala, es proyectándola en el otro; es decir, siempre encontramos que aquél que más odia al homosexual es el que tiene adentro elementos homosexuales muy importantes y que los está rechazando afuera. El más débil por dentro es el que tiene la necesidad de representarse más fuerte, para evitar ver estas partes que son deficientes. De manera tal que hay una perversión de la estética de los colores, de las formas y de todo lo que puede ser. Marta Lamas dice: aunque sea morena, pero si está bien buena, vale la pena; pero porque lo bien bueno también tiene una valoración económica, social y de posición de poder. Esa mujer, a través de sus formas, conquista lugares y situaciones importantes, a diferencia de otra que no es objeto de instinto, y se le perdona el color.

Tomando en cuenta que todos estamos conformados por varias personas, y a las que no aceptamos se las infligimos a los demás, en el caso del blanco, al que le molesta el indio, el moreno, ¿qué podríamos decir?

Es que el blanco tiene una parte negra. Se dice: el negro es un ser primitivo, irracional, pasional, instintivo, no acorde con las normas actuales de una civilización, rechacémoslo por primitivo. El blanco lleva eso dentro también. Si vemos a un blanco en condiciones donde pueda aparecer como negro, aparece. Ejemplo: un gringo, en la frontera con México, donde es perverso, insidioso, injusto, cruel, perverso sexualmente, cosas de las que se acusa al negro, proyecta a "su" negro; mientras yo pueda tener a mi negro adentro y rechazarlo severamente, garantizo que no aparezca en mí. Ésos son estudios que se han hecho con bastante claridad en términos raciales en Estados Unidos.

Jaime Litvak, ¿en México hay interés para hacer evidentes estos hechos o es que los mexicanos queremos dejárselo a los antropólogos para que lo discutan?

México es un país en transición, y la consecuencia en el largo plazo es lo que nos está pasando; problema a largo plazo, crisis que hemos padecido, y la vamos a volver a padecer. Vivimos un proceso en el que México está cambiando, y lo está haciendo en muchas formas. Éramos un país agrícola y minero y nos estamos volviendo un país industrial y de servicios. Éramos un país rural y nos hemos vuelto un país urbano. Éramos un país muy regionalizado hasta1940; si uno era yucateco nunca había visto a un chilango; si uno era chihuahuense, nunca había visto a un chiapaneco; y hoy estamos integrándonos como país. La geografía misma del país cambia enormemente. La economía está agarrándose de un ciclo que no es interno, sino mundial. Todo esto está haciendo cambiar a cada miembro de la población, y todo esto está haciendo que cada persona esté viendo a las demás en forma distinta. A mí me ha tocado vivir bastante tiempo esta relación entre negros y blancos en el sur de Estados Unidos; que empieza como una relación esclavo-amo y que entra en transición con la liberación de los esclavos, y que todavía muestra grandes problemas de integración. Veamos esto con un ejemplo de aquí. Este indio es distinto en el campo —al frente de una parcelita de media hectárea— de lo que es como miembro de una sociedad obrera, industrial, estudiantil, etcétera. Y en este sentido, el mexicano va a ver como mucho más grave lo que está sintiendo que le pasa hoy, no sólo la crisis. Los procesos a más largo plazo no se ven tan profundamente, porque la gente está en medio del proceso; es decir, si se está en medio de una pelea de box y a uno le están rompiendo la cara, no está haciendo la historia del deporte: está recibiendo los golpes y tratando de salvar la cara, y esto es un poco lo que nos pasa. En ese sentido, cuando esto tenga mayor o menor relevancia es cuando aparecerá como más inmediato.

Armando Barriguete interviene: quiero agregar algo respecto de la pregunta de si realmente estamos interesados en México en cambiar esa situación. En el ejemplo del negro y el blanco se ve con claridad que no hay interés en cambiar esa situación. Es decir, el blanco propicia que el negro sea como es: pasional, inculto, feo, desagradable, sucio, sexual, porque es un sector social en donde el blanco puede proyectar su negrura. Si carece de esa proyección aparecerá en él mismo. Entonces hay un proceso inconsciente que impide que desaparezca ese sector, porque acabaríamos por aparecer en el otro.

¿Se vería él mismo en el espejo?

Dice Marta Lamas: es que es el chivo expiatorio. De la gente que habla de los indios en México y dice que son el lastre; que este país no despega por su culpa; que por su tradición no tienen una mentalidad moderna. Esa gente está depositando en ese grupo étnico cosas que tienen que ver con procesos políticos y sociales de otra índole. Siempre es fácil encontrar en este tipo de oposición un culpable, un chivo expiatorio, un grupo: el otro, el diferente. Pero, por otro lado, los grupos, por sí mismos, están cambiando esas reglas del juego. Si sistemáticamente ha habido un "otro" a lo largo de la historia, éste ha sido la mujer, que hasta una anatomía diferente tiene. Dentro de una concepción occidental, donde el hombre es la referencia central, la mujer es el sexo segundo o subordinado, y hay toda una historia y una estructura del mundo construida para eso, para que tengan papeles diferentes y para tenerlos separados; pero son las propias mujeres las que están rompiendo eso, de la misma manera que en México son los propios indígenas los que están rompiendo ese tipo de fronteras y de límites.

Pero ¿qué clase de fenómeno, dentro de esta noción de racismo de que estamos hablando, se empieza a dar en aquél que controla, en ese pequeño grupo que manda cuando los grupos dominados empiezan a tener voz, a darse a escuchar, a levantarse inclusive?

Ahí hay de todo: sociedades en donde se acepta la existencia del otro, y se buscan canales y vías; y sociedades donde se da un nivel de confrontación y de guerra civil, como en el caso del blanco y del negro. A mí me parece que no es sólo un problema de quienes controlan; que el proceso al que se refiere Armando Barriguete es un proceso que está en toda la sociedad, inclusive en las propias personas con características indígenas. O sea que los que tienen el control político o económico a lo mejor tienen prácticas, en un momento determinado, que van para un lado o para el otro, lo que no quita que el conjunto de la población tenga esa sensación de depositar en ciertos grupos las características temidas o despreciadas.

¿Debo entender que una persona de origen indígena, que por sus méritos llega a una posición económica importante, por ejemplo, discriminará también a la gente como él?

Sí; y además se da un proceso interesante, que es como negar la discriminación: "Si yo pude llegar aquí es que no hay discriminación". Aquí hay un problema de oportunidades en la vida y de talento personal. Si Benito Juárez llegó a ser presidente de la república siendo un indio, pues cualquier indio puede. Esto nos llevaría a una discusión muy sugestiva, la de las cuotas y la acción afirmativa, que empezó en Estados Unidos en los años sesenta y que ahora se ha ampliado a las cuotas para mujeres y para minorías de otro tipo. El argumento de "yo pude" se da mucho con las mujeres triunfantes, e implica pensar en cuál discriminación de la mujer, si yo estoy aquí, si yo soy directora de tal empresa, si yo llegué a ser gobernadora. Las que no pueden son tontas, son ineptas, pero aquí no hay discriminación, puesto que yo demuestro con mi ejemplo que sí he podido. Esta actitud niega toda la complejidad de los mecanismos sociales.

Jaime Litvak interviene: creo que ése es el problema; y lo podemos ver desde muchos lados, y lo estamos viendo. Armando Barriguete me hizo pensar que por eso se fundó la antropología, porque Sigmund Freud y Franz Boas no se llevaban bien; el gran psicoanalista y el gran antropólogo se conocían, incluso eran colegas, pero no estaban de acuerdo en nada. Entonces se fundan dos ciencias distintas. La situación es muy compleja; el asunto es que esto se integre armónicamente. Vamos a no hacernos tontos: México no se puede dar el lujo de discriminar. En México necesitamos a cada mexicano, grande, chiquito, prieto, güero, mujer, hombre, heterosexual, homosexual...

Pero ¿por qué discriminamos?

Vivimos un proceso en el que ahora discriminamos menos para integrar más y lo hacemos con más inteligencia. Obviamente, no vamos a dejar de discriminar en dos días porque alguien dé la orden pero sí estamos en un proceso de integración; sí estamos integrando al país inteligentemente; y sí lo estamos echando a andar inteligentemente —esto lo podemos comentar y discutir, pero no lo podremos saber en serio hasta que el proceso esté más adelantado—; entonces ya la hicimos. Si no es así estamos yendo al abismo en una forma mucho peor que la discriminación, porque entonces sí vamos a regresar a un primitivismo general en el país; porque un país como el nuestro no puede funcionar dividido en noventa grupos que se odian unos a otros.

Pero ¿quién debe o cómo se debe dar un proceso de mayor integración, que nunca va a ser perfecto, pero que hay que empezar? ¿Dónde se comienza?

Entendiendo, educando, apreciando... Hablando mucho más de esto, mucho de la actitud. Entendiendo, comunicando esto a los niños.

¿Esto quiere decir que debemos hacer conciencia?

Dice Marta Lamas: coincido totalmente con Jaime Litvak, pero creo que también debe haber una serie de reglamentaciones para las representaciones. Es decir, en Estados Unidos ya se sabe que cualquier comercial, de cualquier producto, tiene que ser multicultural. No pueden salir siempre güeritos de ojos azules, sino que tienen que salir también niños asiáticos, hispanos, negros, como lo hace Benetton, que mezcla a todas las razas. Pero de repente vemos en la televisión mexicana que los anuncios de una gran cantidad de empresas mexicanas se compran directamente a Estados Unidos y sólo salen güeritos. No hacen esas empresas el menor esfuerzo porque se represente esa variedad, esa pluralidad y diversidad que tiene México. Entonces debe haber cierto tipo de reglas, en donde se diga: si se va a hablar de México, que aparezcan los del sur, los del norte, los de la costa, los chaparritos, los altos, los güeros, los pelirrojos, los indios. Ese tipo de medidas también son importantes porque la gente está "chupando" imágenes de los medios de comunicación. Y si las imágenes que están viendo los niños mexicanos no permiten un proceso de identificación, porque todos los que salen en los comerciales son güeritos, eso va a tener una incidencia en nuestro racismo, porque lo que se está valorando como imagen de la infancia o de lo que sea, es una cierta clase social y un cierto fenotipo.

Dice Armando Barriguete: evidentemente estamos empleando la forma más simplista para presentar el fenómeno. Por ejemplo, existe en el mundo entero una realidad que mucho estudiamos que se llama transculturación o aculturación, y que consiste en que un individuo de una escala o jerarquía económica, social, intelectual mínima asciende por esfuerzo propio o por ayuda, a otro lugar. Ese ascenso es verdaderamente complejo, porque está conformado por una serie de actitudes previas. El aculturado que llega a la siguiente escala es el que discrimina con más severidad porque no quiere regresar al lugar donde sufrió. Entonces quisiera desaparecer, quisiera menospreciar, como negando que exista esto o que es bueno.

Jaime Litvak, ¿cómo vive el mexicano del sur de Estados Unidos esa dualidad de no ser de aquí ni de allá?

Es más complicado que esto, porque en el sur de Estados Unidos existe una población blanca que va desde el campesino muriéndose de hambre hasta los que viven en ciudades y barrios muy ricos; existe una población negra que va de nuevo desde campesinos muriéndose de hambre, con mucho de esta tradición de ser esclavos todavía, como parte de su cultura. Pero además de esta transculturación y esta aculturación —la transculturación es muy rápida, y la aculturación toma tiempo— está la incorporación de otros tipos de población. Hablando del sur de Estados Unidos, habrá gente que vino del Caribe, mexicanos que llegaron vía Texas y de otros lados; en Florida vive una gran cantidad de cubanos en un mosaico étnico que en su estereotipo más grande es de negros y blancos. En cualquier punto el mosaico puede ser un poco distinto. Déjenme contar una anécdota: me gusta la música y tengo el horroroso vicio de los discos; cuando llegué a un pueblito en Estados Unidos, cerca de Houston, decidí que éste era un buen lugar para ver si en las disquerías había música chicana, y me metí; pero era un pueblito cuyo origen étnico era checoslovaco, y salí cargado de discos de polkas. Esto es Estados Unidos, y esto es lo interesante de ese país. Pero la discriminación existe y se manifiesta de muy diversas maneras.

¿Qué sectores o entidades deberían dedicarse con más interés a hablar de estos asuntos? Propongo dos para que Marta Lamas dé sus puntos de vista: los medios de comunicación, en donde parecería que la televisión es la televisión de los güeros, y el sistema educativo mexicano. ¿Qué tanto habla nuestra educación de esta realidad, y no desde el punto de vista oficialista?

La Secretaría de Educación Pública tiene un papel fundamental, pero habría que crear también una especie de instancia intersecretarial que pudiera vigilar la discriminación laboral, porque además de que a todos nos molestaría la discriminación o el insulto o el maltrato en función simplemente de nuestro aspecto, en la cuestión laboral cobra dimensiones realmente tremendas. De ahí que todos los programas antidiscriminatorios hayan tenido como eje a la cuestión laboral. En 1964, en Estados Unidos se fundó la Comisión para la Igualdad de Oportunidades en el Empleo para romper con la práctica racista de contratación. Uno llegaba a oficinas en donde todos los gerentes, todos los altos puestos eran ocupados por blancos, y aunque había negros capacitados para ser gerentes, éstos no conseguían trabajo. Hubo, entonces, por parte de esta comisión, toda una política para incentivar a las empresas, no castigarlas. Entiendo la preocupación de Jaime Litvak de meter una reglamentación, porque eso suena enseguida a algo así como control. Pero sí hay que alentar, desde instancias gubernamentales, a las empresas para que realmente abran oportunidades a los diferentes grupos. Se trata de un proceso muy interesante. Hay países, como Canadá, que tienen una comisión —que ahí se llama por la Equidad en el Empleo— en donde son cuatro los grupos a los que dirige su trabajo: uno es el de las mujeres, otro el de las minorías étnicas o de los aborígenes de Canadá, otro el de los minusválidos y otro es lo que ellos llaman minorías visibles, en donde caben minorías religiosas, homosexuales, etcétera. El planteamiento de la equidad en el empleo es que, en una sociedad plural y diversa, los lugares de trabajo tienen que reflejar esa pluralidad y esa diversidad. Entonces, en una población en donde cincuenta por ciento son mujeres, y de repente se encuentran porcentajes de cinco por ciento de mujeres trabajadoras, es para pensar que ahí hay algo raro. Por supuesto que el asunto es más complejo. No es solamente una cuestión de cuotas, porque tiene que ver con proporciones de gente capacitada para ocupar los puestos, pero lo que existe muy claramente en Europa, en Canadá, en Estados Unidos, es una voluntad para eliminar esta discriminación en el trabajo, en un espectro suficientemente amplio; y ya se suman por lo menos treinta años de experiencia, y México podría aprovechar esa experiencia.

¿Se podría o se necesita?

Se necesita; creo que es imperativo. En el proceso de regionalización, con el TLC, de cara a los retos de transición, al nuevo milenio y a lo que se necesita en este país, que es subir la productividad de una manera sostenida e intensa, la equidad en el empleo y todo este tipo de mecanismos que garanticen la no discriminación por cuestiones absolutamente absurdas e injustas, es una prioridad nacional.

Interviene Armando Barriguete: hay mecanismos sociales que tienden a encubrir para perpetuar esta posibilidad de discriminación. Por ejemplo, que no se vaya la gente con la finta de que el color negro es más feo que el blanco. No tiene que ver nada el color. Lo que pasa es que se ha puesto en lo negro una serie de características, y entonces hablamos de que nos vamos con la finta y a una muchacha prietita y de pelo estirado y negro, no la aceptan por su apariencia. No es ése el problema, aunque desgraciadamente ocurra. Porque no es eso lo que originalmente se rechazó. Se rechazaba la parte débil del individuo; nadie quiere parecerse a los débiles porque éstos sufren. Queremos buscar siempre modelos de identidad que resuelven con más eficiencia la satisfacción de sus necesidades. Resulta que si el blanco lo resuelve, entonces yo quiero ser blanco; pero no para ser blanco en la piel, sino para poder resolver adecuadamente mis necesidades. Si nos vamos con la finta y decimos que por el color es que estamos rechazando, negamos la historia de cómo evolucionó el concepto de discriminación.

Según lo que dicen, me pregunto: ¿si las cosas hubieran ocurrido en forma diferente en la historia de este mundo, y África, concretamente el negro, hubiera sido el buen comerciante, el conquistador, el descubridor, a lo mejor hoy tendríamos minorías blancas buscando trabajo en algunos países?

Dice Marta Lamas: o hablaríamos del futuro blanco del país, en vez del futuro negro.

Dice Armando Barriguete: y todos querríamos ser negros.

Dice Jaime Litvak: creo que en veinte años en este país ya no habrá discriminación. Hagamos lo que hagamos, en este país no habrá discriminación; por una razón lógica: la cultura de un país es la definición de la supervivencia de ese grupo. Si este país va a darse el lujo de tener discriminación, se va a ir al diablo. Y la que hay ahora es parte de un mecanismo de transición. Cada día está cambiando.

Concluyo preguntándoles, ¿no ha existido eternamente?

No eternamente; ha ido cambiando la definición. Lo que pasa es que en este momento la sociedad se está integrando, y si no la integramos eficientemente, entonces sí se pone peligroso, y la cultura va a responder a esta integración. Ahora, ¿qué hay que hacer? Honradamente no creo que el gobierno pueda dar una orden en este sentido. Lo que puede pasar es que en nuestro trato, en todos los medios de comunicación, en la educación, en nuestra vida diaria, sí debemos buscar, uno, hablar de esto, y dos, convertir la discriminación en mala educación, en mala forma de ser, y discriminar a los discriminadores;

rechazar esta forma de trato; y quizá ésta es la solución inmediata, que va desde educar niños hasta educar adultos.

Interviene Marta Lamas: no comparto el optimismo de Jaime Litvak. Creo que en veinte años todavía va a haber muchísima discriminación y que el gobierno tiene que tomar medidas; pero también creo que éstas no van a significar nada si los propios grupos discriminados no se organizan, empujan y exigen sus derechos. Y sí creo que hay trabajo que se ha adelantado en otras sociedades. Los mexicanos somos únicos, pero tampoco somos tan únicos como para ser otro género. Somos seres humanos, igual que los escandinavos o que los canadienses o que los peruanos. Considero que habría líneas de trabajo en cuanto a representación social, a equidad en el empleo, líneas de trabajo que se podrían retomar para abrir y facilitar un proceso que obviamente lo tiene que dar la propia sociedad. Es decir, no es el papá gobierno el que desde arriba va a dar órdenes y todo se va a componer, pero sí que para que los grupos que en un momento determinado, al sentirse discriminados o al ser discriminados, puedan acudir a alguna instancia para confrontar esa discriminación, tiene que existir esa instancia, esa comisión para la igualdad en el empleo. Tienen que existir las dos cosas, desde la sociedad y desde el Estado.

Interviene Armando Barriguete: cuando existe una necesidad básica que priva en toda la sociedad, la discriminación tiende a disminuir; no porque disminuya en su noción básica, sino porque todos se tienen que agrupar para defenderse de una amenaza. Siempre se ha visto que cuando hay una amenaza importante desde afuera, los grupos se alían para evitarla. Creo que en México sí ha disminuido la discriminación, pero por hambre. Es decir, todos estamos muy atentos al problema de cómo vamos a solucionar nuestras necesidades, de manera que hoy vemos que el industrial se suma a la protesta del obrero y del camionero, circunstancia que nunca habíamos visto en México. Diríamos que se están igualando las acciones; que están provisionalmente para luchar en contra de este fenómeno de gran carestía y de amenaza de hambre, pero que es una aparición fenomenológica, y que una vez que se pudiera resolver de alguna manera el problema, acabaría por volver la misma instancia que señala Marta Lamas: la brutal discriminación que existe en México. Ése es otro gran reto que los mexicanos, la sociedad y el gobierno debemos acometer ya.

¿SOMOS RELIGIOSOS PARA LO QUE NOS CONVIENE?

Colaboran: María Teresa de la Garza,
Abelardo Villegas y Manuel Olimón

Éste es un tema difícil y no queremos ofender a nadie pero creo que más ofende a un pueblo el que nos digamos creyentes, practicantes y desgraciadamente "nademos", según algunos, en actos de corrupción todos los días, que nosotros mismos promovemos.

Según una encuesta entre una muestra de trescientas personas adultas pertenecientes a los niveles socioeconómicos alto, medio y popular en la ciudad de México; se buscó establecer opiniones respecto a "la religión ¿doble moral?".

En principio, está el hecho de que 84% de los encuestados se considera parte integrante de alguna religión, aunque resulta escasa la proporción que manifiesta llevar a la práctica real las enseñanzas de su religión (9%). De esta forma, la gran mayoría se asume como poco o no practicante. Asimismo, se aprecia que la religión resulta ser muy importante o importante para dos terceras partes de los entrevistados (64%), mientras que un tercio (34%) le confiere escasa o nula importancia.

Cabe hacer notar que la religión cobra mayor importancia entre las mujeres, en el estrato popular y a medida que se tiene más edad. No existe homogeneidad en cuanto a qué tanto se cree en la gente: mientras que 24% señala creer muchísimo o mucho en las personas, 35% cree poco o definitivamente no cree en las personas.

Dos tercios de los encuestados (66%) señalan que no acostumbran mentir o que lo hacen esporádicamente. De hecho, sólo 5% confiesa mentir constantemente.

En relación con el respeto a las leyes, la mitad (50%) dice respetarlas muchísimo o mucho, mientras que 37% señala que las respeta algo.

La doble moralidad se aprecia en otros aspectos: 88% opina que los mexicanos aceptamos o damos "mordidas"; 70% manifiesta que los mexicanos tenemos relaciones sexuales antes del matrimonio; 58% indica que los mexicanos mentimos constantemente; 50% considera que es usual entre los mexicanos efectuar robos. Asimismo, sólo 8% considera que cumplimos con lo que prometemos; únicamente 11% declara que somos fieles a nuestra pareja; 12% confiamos en otras personas; 14% ayudamos a quienes lo necesitan; e igual porcentaje respetamos las leyes; 18% respetamos a otros; 19% cumplimos cabalmente con nuestras obligaciones; y también 19% somos honestos en nuestro trabajo (véase Anexo 3).

Estos datos son muy reveladores pero es necesario discutirlos. Manuel Olimón, por ser un asunto muy ligado a lo que es la doble moral, ¿los mexicanos manejamos algún nivel de hipocresía, en cuanto a la religión que practicamos mayoritariamente y lo que hacemos en la vida cotidiana?

Creo que no necesariamente. La religión, por una parte, es ante todo una manera de ligarse a algo trascendente; es decir, una manera de ver las cosas desde otro punto de vista, además del punto de vista ordinario. Entonces, la moral siempre, a lo largo de toda la historia y sobre todo si hablamos de la moral en la tradición judeocristiana, ha estado al alcance de todos, pero siempre de acuerdo con la propia libertad. Por más que Moisés haya dado al pueblo una serie de mandamientos, la libertad humana y la respuesta de cada uno y de las comunidades ha sido diversa. Las épocas en las que se ha tratado de armar una moral pública a base de represión o de poner un coto, el resultado, más que lograr que se viva una gran moralidad, por decirlo de alguna manera, ha provocado la hipocresía. Siento que más que hablar de hipocresía, debemos hablar de una crisis, que necesariamente tiene su lado positivo, y en la que tenemos que interiorizar los valores para, de esa manera, responder ante los retos.

Padre Olimón, aunque puede pensarse que si uno pertenece a algún tipo de organización de tipo civil o religioso y lo dice abiertamente, y en ocasiones, ferviente, fervorosa e insistentemente nos llamamos un país católico —y lo demostramos en momentos muy especiales durante el año—, no debiera tener este doble estándar: sí, soy católico, pero eso es aparte de lo que hago en las calles. ¿Está de acuerdo?

No debía ser así, y si hay una opción, ésta debe ser integral; es decir, que involucre todos los elementos.

Abelardo Villegas, ¿somos un país con doble moral?

Sí, por una razón estructural: la moral católica es muy antigua, y el mundo moderno está centrado en torno al valor utilidad. Y los valores cristianos y el valor utilidad no se llevan muy bien y las personas que practican la religión católica tienen que vivir en este mundo, que es un mundo de cosas.

¿Quiere decir que la religión no está en contacto con la realidad que vivimos, que es algo deseable pero no practicable?

Creo que sí puede ser practicable pero es muy difícil. Hay también un asunto muy importante: toda moral no se cumple; es decir, la moral nos mueve, es un deber ser y por eso mismo no se cumple; de cualquier manera, abordo las cosas históricamente. La utopía moderna, la moral desde el siglo XVII y aun desde antes, es la moral de las cosas; queremos tener cosas, y nuestra vida está encaminada hacia esos fines.

¿Todo nos empuja a poseer?

Sí, comprar es un placer tremendo; pero al mismo tiempo, como dice Manuel Olimón, existe la relación con la trascendencia. Entonces, a mí me da la impresión de que entre semana andamos adquiriendo cosas y los sábados y domingos nos vamos a la trascendencia.

Es decir, ¿que entre semana guardamos la moral y el fin de semana la sacamos?

75

La sacamos de un cajón.

¿La practicamos?

Entre semana practicamos una, que es la moral de las cosas, de la utilidad...

¿Se le puede llamar moral a eso?

Más o menos.

Esto suena muy crudo, ¿quiere decir que los seres humanos nos inclinamos más por la trascendencia de aquí y ahora, la trascendencia de tengo este coche, tengo este trabajo, tengo esta casa, tengo equis y zeta y luego dejamos la trascendencia moral y del espíritu para otra ocasión?

No para otra ocasión, porque está en el rincón de nuestras vidas y acudimos a ella cada sábado y domingo.

¿Eso cómo se llama? ¿Podríamos llamarlo hipocresía o conveniencia?

Es una realidad que está estructurada según como yo pienso, trátese de moral cristiana, católica, etcétera; en el deber ser de nuestra civilización —no hablemos de individuos— resulta que mientras más moderna es una sociedad, más vive esa doble moral si aquélla es cristiana.

María Teresa de la Garza, ¿coincide con lo que dicen Abelardo Villegas y Manuel Olimón, que, hasta cierto punto, han establecido posiciones diferentes?

Creo que, definitivamente, sí hay una dificultad tremenda en adaptar las exigencias de la vida cotidiana y las demandas de una civilización que, como dice Abelardo Villegas, está orientada básicamente a la materialidad y al consumismo, con una moralidad basada en el amor. Ciertamente, ha habido un cambio de orientación en los valores rectores de nuestra cultura, y creo que no acabamos de lograr un ajuste que permita crear una nueva posición desde la cual enfrentar mejor esta dualidad que vivimos.

¿El ser humano, al paso de tantos siglos que ha vivido en este planeta, no siempre ha tenido el deseo de poseer cosas o personas?

¿De alguna manera, no estamos hablando del mismo fenómeno?

Lo que pasa es que a partir de la introducción de la tecnología, de la revolución tecnológica, esta tendencia se ha agudizado en forma impresionante, con alcances insospechados...

¿Se ha acelerado?

Se ha acelerado y agudizado, porque cada vez es más fácil que esté al alcance de más personas esa posesión. Antes, sólo algunos grupos privilegiados tenían este poder de acceso. Hoy prácticamente todos tenemos algo al alcance; algo en qué depositar nuestro deseo.

Parecería, Manuel Olimón, que hay una carrera, la carrera de este mundo moderno que nos dice: compra, compra; si no compras no eres. Y en otro lado la religión, que tiene sus principios. ¿Hasta qué punto, si seguimos en esta tendencia, vamos realmente no sólo a tener a la religión en el rincón sino a echarla por la ventana, porque no me conviene ser religioso ni creer en lo que la iglesia me dice?

En cierta manera, cada persona repite toda la historia; aunque tengamos detrás una larguísima historia de civilización, cada uno de nosotros tiene que repetir en su experiencia personal toda la historia; es decir, todos los retos que esta historia le está proponiendo, y una de las situaciones que tenemos que repetir es plantearnos la opción religiosa. Pero si el problema hoy es preguntarnos: ¿me conviene o no ser religioso?, debemos considerar si esa conveniencia se basa en obtener determinados satisfactores. Cuando la pregunta se hace así, sin mediar la posibilidad de que la realización total del ser humano suponga una entrega, un salir de sí mismo, la respuesta obvia va a ser negativa; es decir, esto a mí no me conviene porque me está planteando ciertas exigencias. Las estadísticas que se hacen en los países más modernos —Estados Unidos, Suecia o Noruega— marcan un descenso notable en cuestiones de religión que tienen que ver con el culto, con el asistir a ciertas ceremonias, etcétera. En Noruega, quizá ya sólo se asiste a ceremonias religiosas cuando las bodas de los reyes o cuando algún entierro muy solemne. Pero, al mismo tiempo, hay un despertar de la religión en su integración con la vida; en ese plantearse

77

las grandes preguntas: ¿qué es el hombre?, ¿por qué la muerte?, ¿por qué se trabaja?, ¿cuál es el sentido de la dignidad humana?, que en el fondo son preguntas religiosas.

Abelardo Villegas, dicen algunos expertos que México nada en la corrupción; que lo que lubrica este país es la corrupción y que de hecho es el verdadero sistema económico que tenemos; todo lo demás puede ser añadido; si no hay corrupción las cosas no operan. ¿Cómo casa esa realidad, que a muchos nos preocupa y nos asusta, con esta posición de que la religión es algo que ahí está pero que realmente no es lo que rige las vidas de las personas?

Creo que la corrupción mexicana viene desde la época colonial...

¿Antes no hubo corrupción?

No sé. A lo mejor ya la había entre los indios prehispánicos...

Yo no defiendo a los señores que vinieron a conquistarnos, pero... luego todo se lo cargamos a la Colonia...

Es que el país comienza con la Colonia, con la Conquista...

Pero la historia no...

El país México comienza con los mestizos...

Pero a veces es bueno hurgar un poco más atrás si queremos ver de dónde viene la enfermedad o la costumbre...

Lo que pasa con nosotros es que tenemos la moral de la utilidad, pero no los instrumentos para obtenerla. Somos un país conservador o anticuado en materia de elaborar riqueza. Entonces, la riqueza la agarramos donde la hay, normalmente en los puestos públicos.

Si entiendo bien, Abelardo Villegas, como no estamos organizados para crear la riqueza que necesitamos, ésta la sacamos de donde sea, ¿es ésa su explicación de la corrupción mexicana?

Ésa es una de sus explicaciones. Otra es la que acabo de mencionar; de modo que así veo el origen de la corrupción: tenemos una conciencia poco jurídica, a pesar de que existan muchos abogados...

Y muchas leyes...

Tenemos muchas leyes, pero no se cumplen...

Dime de qué hablas y te diré de qué careces...

Los mexicanos no hemos llegado a tener una conciencia de que es necesario vivir en un orden jurídico...

No estamos convencidos...

Cada quien quiere ser la excepción de la ley; es decir, nadie se puede estacionar en este lugar, pero yo sí me estaciono...

Y somos noventa y cinco millones de excepciones...

Todo mundo debe pagar impuestos, pero yo no; evado hacerlo. ¿Ésa es nuestra moral?

Sí, y es una moral que viene de la época colonial; es la moral de las excepciones, la propia; además, de la de una sociedad corporativa. Somos una sociedad no corporativa, pero tenemos restos de haberlo sido...

Creemos que no somos corporativos, pero a veces me pregunto si en el fondo de nuestra conciencia nacional ya se nos quitó lo corporativo...

Uno de los elementos de la sociedad corporativa es el fuero. Entonces, todos queremos tener nuestros fueros, todos somos la excepción. Esta prohibición rige para todos, pero para mí no. La práctica del derecho en México es la práctica de la evasión de la ley. Los abogados —no todos— ejercen para no aplicar la ley...

Quiere decir que los abogados se especializan en ver cómo dar la vuelta a las cosas...

Se especializan en fueros.

María Teresa de la Garza, con esta doble moral que nos conviene, que nos es útil, ¿a dónde va un país? En otras palabras: ¿qué debemos hacer? ¿Institucionalizar esta doble moral y decir que sí somos corruptos —habrá excepciones— y que vamos a hacer de esto un sistema incluso bien organizado, o vamos a revertir la situación e irnos más por el camino de los principios morales?

Manuel Olimón habló de la libertad, y creo que ésa es la clave del asunto. ¿Qué cosa es un pueblo? Creo que es una cuestión que la libertad de sus habitantes tiene que decidir, y esto es complejo, porque ¿la libertad individual puede conciliarse en una libertad colectiva, o no puede? Ése sería el problema; es el gran problema del Estado, de la organización en sociedades: ¿es posible conciliar la libertad y los deseos, los intereses de los individuos y los colectivos? Ése es uno de los serios problemas que enfrentamos, porque, como dice Abelardo Villegas, parece que más bien queremos ser la excepción, y que la idea de un bien común o de un proyecto común es algo que está lejos de nuestra idiosincrasia, o tal vez de nuestra historia.

¿No nos estamos haciendo tontos? ¿Una cantidad enorme de los discursos, las noticias, los artículos empuja a que tenemos que ser un país honesto, apegarnos a los principios; tenemos que ser un país de leyes —"nadie por encima de la ley"—; entonces, de alguna manera, todo está tan bien organizado que inclusive hemos armado todo un discurso nacional para que nos sirva de válvula de escape y en el fondo seguir siendo lo que somos?

Creo que, independientemente del discurso oficial, la manera de lograr un cambio en la actitud de las personas no es según la imposición de ideologías, sino que la base está en el problema educativo; y ése es un punto difícil, porque la educación en nuestro país está pasando por una etapa de ruptura.

¿Llegó a su nivel de agotamiento?

Sí; creo que en casi todas las sociedades la educación está concebida como la forma de adaptar a los individuos, digamos, al discurso establecido en cada cultura, en cada sociedad; es decir, una forma de incorporarlos o de hacerlos miembros, de homogeneizarlos en cierta manera; y, por otro lado, está el problema del individualismo y lo que dice Abelardo Villegas de ser la excepción. Esta homogeneización hoy está en conflicto con la necesidad de unicidad —de ser único—, y creo que las corrientes educativas contemporáneas van por la línea de trabajar en otros niveles; en las habilidades de pensamiento, en la libertad del individuo, en darle opciones y permitirle que practique y decida por sí mismo, pero conscientemente. Entonces esto rompe con un sistema educativo homogeneizador; da lugar, da espacio a la diferencia. Creo que será la única forma de lograr cambios: dando espacio a la diferencia, espacio a la posibilidad de interacción de un diálogo entre los diferentes; y no asumir de entrada que somos iguales o que somos homogéneos.

Manuel Olimón, ¿cuál es el papel de las iglesias ante una sociedad que abierta y cínicamente dice: sí, somos corruptos por esto, por esto y por esto?

Creo que un papel de servicio, no solamente de crítica, y mucho menos de crítica negativa, sino de servicio y de propuesta. En concreto, una propuesta educativa, en el sentido integral; no una propuesta bancaria de que vamos a llenar las calles con una instrucción catequética, sino que vamos a criticar a fondo el modelo educativo que tenemos en México, porque lo que está proponiendo, como dice María Teresa de la Garza, es la reproducción de un sistema, que así ha estado echándonos a un lado. Quizá hay dos elementos muy profundos en la experiencia contemporánea que hay que superar; uno de ellos es el que llaman elegantemente la obsolescencia: se elabora un proyecto educativo muy bien hecho para formar economistas, porque lo que hace falta en México, se dice, son economistas, o comunicadores o tal tipo de personas, y luego ese modelo se hace viejo, obsolece. El otro asunto es el aburrimiento; creo que a lo que lleva el consumo es al aburrimiento y a la frustración ante una proyección excesiva de lo que yo puedo lograr y la imposibilidad de alcanzarlo. Entonces, creo que es una tarea de todos; es decir, aquí las iglesias entrarían como un elemento de la sociedad; algo que también nosotros tenemos que aprender, aprender a ingresar en grupos plurales.

Con todo respeto, ¿no es ésta una posición tibia? Percibo, ante la situación que vivimos, que no todo es el problema económico del déficit y el superávit, que nuestra forma de relacionarnos tiene altas dosis de corrupción, corrupción de muchos tipos, y percibo que el mensaje de las iglesias, sobre todo la católica, está muy ligado a lo que casi siempre escuchamos, con la excepción de algunos sacerdotes que abiertamente usan el púlpito para hablar de las cosas de hoy y de aquí.

¿No siente que la iglesia está distante de esto?

No solamente la iglesia. Creo que es más fácil estereotiparse y cumplir con un "deber" que no tiene creatividad, que no tiene proyección, que no anuncia nada que verdaderamente levante a la gente. Estoy totalmente de acuerdo. Es decir, a la mayoría de los mexicanos se nos hace más fácil repetir lo que ha salido bien o mal a estar realmente buscando cuáles son las causas de estas situaciones, cuáles los proyectos que, respetando la libertad de las personas y la gama tan complicada que tienen nuestras relaciones humanas, deben echarse adelante.

Abelardo Villegas, ¿no nos denigra a todos el que en un momento determinado haya personas en un país que ejerzan y practiquen la corrupción en todas sus formas y que en el fondo de la conciencia lo sepamos pero no lo queramos reconocer?

Sí nos denigra que muchos —iba a decir—: seamos corruptos; pero creo que yo no lo soy...

Ha caído quizá, con todo respeto, en lo que dijo: yo soy la excepción. Cuando hablo de corrupción me refiero a que me paro aquí, frente a la panadería, dos minutos y no voy a buscar lugar; es un acto de corrupción porque estoy violando un reglamento de tránsito, y si viene el policía lo arreglo con dinero; hablo de esa corrupción y de la de hasta arriba.

Me pregunta si es denigrante saberlo, y yo creo que no.

¿Y cómo lo manejamos los mexicanos? ¿Cómo andamos tan tranquilos por el país haciendo actos de corrupción?

Porque tenemos una conciencia muy elástica, pero no sólo nosotros. Nos acomodamos a dos mundos. La época contemporánea ha visto la irrupción del mundo eclesiástico, pero no sólo el católico, sino también el musulmán; hay una vuelta a la religión porque hay apetencia de ese mundo de la trascendencia. Y está el otro, el mundo de las cosas. Pienso que la educación a la que se refiere María Teresa de la Garza debe tender a eliminar la utopía de las cosas, sustituyéndola por una utopía de relaciones sociales y personales mejores.

Si entiendo: un modelo educativo que en vez de que nos venda que lo importante es ser y tener, nos lleve al ser trascendente, y a que tener no es lo central.

Permítaseme un ejemplo: hay algunas películas, ¿recuerda *La guerra de las galaxias*?, ocurre en el futuro, y los personajes tienen ya unas máquinas que vuelan a la velocidad de la luz, pero siguen padeciendo a los mismos gangsters y el mismo imperialismo; moralmente no se avanzó nada.

¿Las lacras morales y humanas allí están?

Están allí después de varios siglos. Lo que ha avanzado es la tecnología, pero las relaciones sociales y humanas siguen igual. Eso es lo que llamo utopías tristes. Yo pensaría en una utopía de mejoramiento de relaciones humanas, individuales y sociales y en búsqueda de la trascendencia. No creo en la trascendencia, pero sí que es una dimensión muy importante de la condición humana.

María Teresa de la Garza, si la sociedad mexicana continúa por este camino, haciendo futurología, ¿no acabaríamos siendo una sociedad verdaderamente cínica?

Tenemos un problema serio porque, como dice Abelardo Villegas, queremos estar en el mundo moderno y disfrutar de este modo de ser contando con todos los últimos adelantos de la tecnología, pero no tenemos con qué hacerlo. Entonces, creo que la única posición sensata es que nos sentemos a pensar si de veras esto es tan apetecible. ¿Qué pasa con todos estos países que gozan de estos bienes? En realidad, como dice Abelardo Villegas, ¿son más felices? ¿Han resuelto sus problemas centrales de relación? Lamentablemente, no es el caso. Estamos a tiempo de dejar de imitar o de desear modelos que probadamente han fracasado, para pensar en modelos de organización social mucho más solidaria, mucho más humana.

¿Como qué valores? Si pudiéramos, a través de una perilla, bajar el consumismo y subirle a otro tipo de valores, dentro de lo que somos los mexicanos, ¿en dónde se pondría el énfasis?

En la solidaridad, porque somos capaces de ejercerla sólo en momentos de crisis o emergencias. La solidaridad, una virtud social, tiene que ser un hábito, tiene que permear la conducta cotidiana. Si lográramos esto sería un gran avance para mejorar las relaciones sociales de las que habla Abelardo Villegas. Finalmente, la solidaridad es un tema que se ha manejado en este país en los últimos años de manera muy superficial. En realidad, puede ser la base del orden social, de la posibilidad de convivir y crear juntos cosas que realmente valgan la pena, que realmente permitan satisfacciones a los miembros de esta sociedad.

¿Cómo salir de un orden social sin satanizar todo lo que está alrededor? No somos modernos pero también nos estamos desmoronando, porque siento que a veces satanizamos en exceso a otras sociedades —finalmente humanas y que no son perfectas. Es interesante que recuerde lo que menciona Abelardo Villegas, que parece que sustituimos; porque como no tenemos la capacidad de trabajar bien, entonces optamos por algo que es terrible: obtengo eso por el método que sea. Eso casi se llama robo. Es muy triste que una sociedad tenga que caer en esa mecánica. ¿Cómo salir de ella?

No es una satanización; es simplemente la observación y el juicio de una realidad. Esto no quiere decir que nosotros estemos en la perfección. Al revés, si precisamente seguimos deseando aquello que no funciona, quiere decir que no estamos muy bien. Estamos realmente en búsqueda de algo que todavía no sabemos ni siquiera qué es. Creo también que estos valores tienen no solamente que defenderse a nivel teórico, sino desearse y, por otro lado, llevarse a la acción. De otra manera, si no se dan esos tres ámbitos, no funcionan.

Manuel Olimón, ¿por qué somos así? Según lo que he entendido, porque la historia de alguna manera parece que nos sigue pesando mucho; trae una inercia, nos empuja y seguimos repitiendo, como dijo, nuestra propia historia; porque tenemos un modelo educativo que no nos ha enseñado valores que ahora son urgentes; y porque las iglesias están un tanto a un lado, desgraciadamente, para combatir este fenómeno, y ya no se diga el daño que muchos medios de comunicación hacen a la sociedad. Entonces, estamos ante un monstruo con

84

varios tentáculos que juega con esta sociedad como una pelotita. ¿Qué podemos hacer para retomar el camino de manera realista, sin caer en teorías, en utopías?

Creo que produciendo hechos concretos que puedan servir de modelo. Voy a poner un caso muy lejano: la madre Teresa de Calcuta no va a resolver el problema de la pobreza en la India, pero interpone un signo visible que es utópico, pero, al mismo tiempo, realista...

Y es un modelo...

Y es un modelo. Entonces, si seguimos con la flojera de que yo mejor repito lo que he hecho siempre y no vamos a las causas humanas de las situaciones, no llegaremos a ningún lado.

¿Nos faltan ejemplos, nos faltan modelos?

Creo que sí; sobre todo, ante el bombardeo tan excesivo de modelos que son criticables por la misma experiencia. No sé por qué nuestro país pone tanto de relieve lo que nos falta y no lo que tenemos. Pienso, por ejemplo, en todas las cuestiones relacionadas con el patrimonio cultural; es algo que tenemos, que nos dejaron nuestros ancestros...

Pero no alcanza para comer...

Pero es un elemento humano; si no se tiene la capacidad de gozar, si no se tiene la capacidad de lograr una experiencia agradable al corazón, no por una satisfacción material, simplemente no se es un ser humano.

¿Qué estaríamos esperando como sociedad? A veces, Abelardo Villegas, cuando se tocan estos temas, se dice: es que lo que hace falta es que el gobierno ponga el ejemplo. Cuando veamos que el gobierno encarcela a fulanito de tal y al expresidente, tal vez, entonces cambiaremos. ¿Se puede creer en eso?

El gobierno es reflejo de la sociedad; no existe un gobierno malvado con una sociedad inocente.

¿Quiere decir que son como nosotros?

Un poco sí. Hacemos el juego. Eso no es tan sencillo, pero es el producto de un cierto tipo de sociedad.

Entonces, ¿por qué con tanta frecuencia la sociedad mexicana

85

le reclama y le carga toda la culpa al gobierno, como diciendo: tú eres el responsable; yo me lavo las manos?

Ésa es otra forma de corrupción, porque la sociedad mexicana no reconoce que es un sistema de vida en donde coexisten tanto los gobernantes como los gobernados.

¿Interactuamos?

Sí, interactuamos.

Si tuviéramos un gobierno superlimpio y metiéramos a la cárcel a todo aquel que se le probara que debe estar en la cárcel y tuviéramos el respeto máximo a las leyes y a los reglamentos, ¿qué pasaría con esta sociedad? ¿De pronto no sentiría que tiene un gobierno absolutamente molesto e incómodo y que lo mejor sería echarlo por la ventana?

Creo que no. Pienso que una buena parte de la sociedad tiene una conciencia moral...

¿Como esta encuesta, donde 88% acepta que da o recibe "mordidas"? Es una moral elástica.

Es una moral elástica, pero uno se puede mover dentro de ese tipo de moral, y ahí hay mucha gente, muchos mexicanos, que queremos vivir mejor.

¿Mejor en qué? ¿En que baje el dólar a 3.50? ¿O mejor en que se cumplan las leyes y no hagamos corrupción?

En las dos cosas. Es decir, si fuera honesto, ya habríamos ganado mucho.

Si el gobierno, es producto de la sociedad, ¿cómo se genera un gobierno que sea pulcro, íntegro, moral, si proviene de una sociedad que practica la corrupción?

Eso no es mecánico, no es una ley natural; podemos zafarnos de eso. Dentro de la sociedad humana están la voluntad y la libertad. Entonces, podemos, mediante la voluntad y la libertad, ir modificando a la sociedad y al gobierno. Si no fuera así, entonces habría que llorar un poco más...

¿Más de lo que lloramos? María Teresa de la Garza, se han mencionado acciones, concretamente, ¿por dónde empezaría?

Por la educación; creo que ésa es la clave para cambiar.

¿Con las iglesias incluidas?

La educación en líneas muy generales; o sea, la educación a través de los medios de información, de las escuelas, de las iglesias; y aquí sí creo en utopías, en el sentido de que si no tenemos una, difícilmente nos lanzaremos a la acción. La utopía nos da esperanza y nos da fuerza. En ese sentido, mi utopía personal es una educación en la cual se enfaticen, como dice Manuel Olimón, los valores que realmente tenemos como sociedad y como seres humanos, y de esa manera poder cambiar todo desde abajo, porque se ha dicho que un pueblo tiene el gobierno que se merece, y creo que es cierto y que en mucha medida es la opinión pública la que va moldeando la acción de los gobernantes, y esta opinión pública nuestra ha estado bastante callada...

Ha sido muy tolerante...

Y cuando habla, lo hace desaforadamente. Creo que podemos hablar razonable y sensatamente, como opinión pública, si contribuimos todos a educar, y no nada más a los niños, sino a los ciudadanos, en lo que creo que los medios de información son fundamentales. Todos podemos y estamos siendo educados constantemente, porque la educación es una tarea de vida. Ahí es donde yo pongo mis esperanzas y mi utopía.

La utopía, la educación y buscar valores que estén dentro de nosotros y dejar otros valores un poco exógenos, que no son exactamente los que nos funcionan, sería en esencia una conclusión. Abelardo Villegas, ¿cuál sería la acción y la conclusión inmediatas?

Yo también quisiera poner énfasis en la educación, asumiendo lo que dice María Teresa de la Garza; y llegando a algo más: nuestra educación debe ser una educación crítica. En alguna ocasión, Umberto Eco dijo que debíamos convertirnos en una guerrilla semiológica; es decir, en un señor que se sienta en su sillón y comienza a criticar lo que ve en la televisión o lo que oye por la radio. Y sí ocurre. Entonces, necesitamos una educación que propicie una actitud crítica.

Crítica, pero no hipócrita. Porque si seguimos diciendo que la culpa de todo la tiene el gobierno y vamos ahora a la Tesorería a arreglarnos afuera con alguien, somos unos hipócritas.

Así es. Entonces es autocrítica. Y otra cosa que quisiera agregar es que se le ha puesto mucho énfasis a la educación tecnológica, y creo que necesita un correctivo humanístico; la educación debe tener un fuerte contenido humanístico, para que no haya una tecnología sin fines aceptables.

Manuel Olimón, se dice que pagamos el precio del error de haber separado en el modelo educativo de nuestro país la enseñanza de los valores, incluso de la religión; hay razones históricas de las que se habla muchas veces. ¿Sería necesario y urgente integrar grandes dosis de valores en el sistema educativo mexicano y dejarnos de entelequias de que si los sacerdotes se quieren quedar con el manejo del gobierno y de la sociedad civil, cuando en realidad lo que está pasando es que el mercantilismo es el que se está quedando con los valores?

He comentado con personas dedicadas a la educación, incluso en el Sindicato Nacional de Trabajadores de la Educación, que debemos dejarnos de pelear por problemas del siglo XIX, de que si la educación confesional, de que si esto o aquello, y atacar la educación chatarra, que con un nombre en inglés, francés, japonés o en cualquier otra lengua, está minando lo que nosotros podemos ser. Esto hay que asumirlo, pero no como un revanchismo, no como una venganza, no como un regreso, un retroceso o un conservadurismo, sino como un lanzarse hacia el futuro. Estoy absolutamente de acuerdo con lo que se ha dicho: una educación que nos lleve a una crítica constructiva, no a criticar por criticar; una cultura de servicio, es decir, que nos proyecte hacia afuera no hacia adentro; y, desde luego, un humanismo. La libertad humana, el don más grande que tenemos los humanos, también debe formarse; la libertad también se educa, y, en este sentido, terminaría con la frase de san Pablo: "Hay que probar todo y escoger lo bueno", y probar todo y escoger lo bueno supone una formación auténtica de libertad. Todo esto necesitamos.

FLOJERA, ¿UNA REALIDAD MEXICANA?

Colaboran: Moisés González Navarro, Isabel Reyes
y Néstor de Buen

Para valorar las opiniones del mexicano respecto del trabajo, se elaboró una encuesta en la ciudad de México con las mismas características de las que se han venido discutiendo. Evaluamos las opiniones y, en principio, se observa que al trabajo se le confiere una elevada importancia dentro de la vida de los individuos, así lo señaló 88% de los encuestados. A pesar de que nueve de cada diez personas consideran muy importante su trabajo, sólo 65% se encuentra totalmente satisfecho con él.

Los entrevistados trabajan fundamentalmente por dinero. En ese sentido, 70% señaló que el principal motivo que lo impulsa a trabajar es la obtención de ingresos. Como motivadores secundarios se encuentran el desarrollo profesional (25%); la presión que ejercen terceras personas (20%); el sentirse productivo (19%); y aprender (12%).

Dos terceras partes (64%) encuentran en su trabajo algún aspecto que les produce insatisfacción, sobre todo el sueldo (17%), los superiores (9%), los compañeros (7%), la falta de reconocimiento (7%) y la carencia de oportunidades de desarrollo (6%).

Por el contrario, 92% tiene elementos que le generan satisfacción, destacando la actividad que se desempeña (30%), los compañeros (14%) y el sentir que el trabajo es trascendente (14%).

89

Al preguntarse qué tan de acuerdo se está con varios aspectos, se obtuvo que 79% está totalmente de acuerdo con que el trabajo enaltece al hombre; 72% con que el pan se debe ganar con el sudor de la frente; 70% con que el esfuerzo es capaz de suplir la falta de habilidades; y 52% con que se debe trabajar para vivir y no vivir para trabajar.

Si bien se tienen conceptos positivos del trabajo, al mexicano se le caracteriza como carente de habilidades para obtener buenos resultados. Es así que parte importante de los encuestados definen a los mexicanos como impuntuales (76%), tramposos (72%), personas que requerimos de constante supervisión (69%), flojos (67%), apáticos (66%), irresponsables (67%) y mediocres o descuidados (62%). En cambio, la mayor virtud es nuestra gran imaginación (65%) (véase Anexo 4).

Estos datos pueden resultar muy controvertidos seguramente pero son respuestas que da la opinión pública. Néstor de Buen, ¿los mexicanos somos esencialmente una población no muy amante del trabajo, con tendencia a la flojera y a lo mal hecho?

No lo creo. Considero, más bien, que hay una serie de insatisfacciones en el trabajo mismo, que a veces provocan lo que hoy llamamos tanto falta de productividad, que es, desde luego, muchas veces, falta de preparación porque tenemos un sistema educativo que no se ha extendido lo suficiente y entonces hace falta sensibilizar a la gente para muchas cosas. En segundo lugar, y fundamentalmente, está la inestabilidad en el empleo, la incertidumbre acerca de lo que va a pasar mañana y, sobre todo, la insuficiencia total del salario. He vivido esa situación muchas veces en mi vida, como empleado asalariado casi toda mi vida, y en tiempos pretéritos —no tan pretéritos— en que ganaba muy poco y tenía que buscar opciones para poder sobrevivir, y a lo mejor tenía que salir del trabajo un momento para atender un asunto profesional y parecía que trabajaba poco, pero lo que pasaba es que trabajaba más que nadie.

Pero, en general, ¿no se tiene la impresión, y no solamente por la crisis, de que esa falta de voluntad hacia el trabajo nos hace estar en esta gran miseria o pobreza general?

No creo que ésa sea una impresión adecuada. El mexicano no es flojo por sí mismo: es capaz de ser un gran trabajador. En mi entorno laboral...

Pero dices "de ser un gran", o sea, ¿no lo es?

Lo es cuando las circunstancias permiten que lo sea, y éstas lo impulsan a que lo sea cuando hay un incentivo suficiente, independientemente del amor mismo por el trabajo que, para mí, existe de una manera permanente en la gente, cuando el trabajo de verdad satisface sus preocupaciones personales. No soy partidario de la tesis de la flojera. Nuestra población indígena tiene básicamente un concepto distinto del europeo para ver las cosas; no tiene tanto la preocupación del ahorro, vive un poco al día, tiene una gran vida interior, sustituye la ambición económica por una situación personal de satisfacción íntima; quizá un espíritu religioso también lo ayuda, y entonces el trabajo no es tan importante porque no es el medio para conseguir lo que para ellos es fundamental.

¿Esto quiere decir que habría dos Méxicos en cuanto al trabajo?

Sí: un México mestizo, que es fundamental, el más importante; y un México criollo, en el cual la actividad laboral es casi una especie de compromiso fundamental.

Isabel Reyes, ¿qué decir acerca de esto?

Creo que no hay dos Méxicos; que hay nueve mil, definitivamente; tanto por la situación geográfica como por el tipo de mezcla que hemos tenido, como por las facilidades. Es más, la misma ley les da salarios diferentes a los diferentes Méxicos. Entonces, hablamos de diferentes Méxicos, y aunque coincido en mucho con lo que se mencionó, creo que uno de los graves problemas es que parece que el mexicano vive el trabajo por necesidad. No es que sea flojo, definitivamente no.

¿El trabajo es un mal necesario? 70% así lo dice.

Setenta por ciento lo dice, y no nada más aquí. Para mí lo sorprendente es que hace relativamente poco presentamos un libro sobre

91

el mundo subjetivo del mexicano-estadunidense y del estadunidense, de Díaz Guerrero, que se ha dedicado mucho a estudiar al mexicano, y ahí dice lo mismo, y no era una muestra tan pequeña. Decía que se trabaja por necesidad, pero sobre todo que se trabaja para darle un bienestar a la familia. Parece que eso juega un papel muy importante, tanto que lo vimos el año pasado en los resultados que muestra ese estudio. Otra situación que parece diferente en nuestro caso al de otras poblaciones es el hecho de que los compañeros del trabajo juegan un papel muy importante. Si se revisan reportes de otros lugares del mundo, pruebas buscando la satisfacción laboral, casi nunca se habla del compañero de trabajo, y para el mexicano es sumamente importante este ambiente social en que trabaja, y a lo mejor lo distrae. El entorno, el llevarse bien tanto con sus compañeros como con sus superiores, juega un papel muy importante.

¿Quiere decir que en otras sociedades, quizá podría ponerse algún ejemplo, no importa tanto con quién se trabaja o para quién se trabaja, sino el trabajo?

Sí; ahí están todos los anglos; sin ir más lejos: Estados Unidos; los anglosajones. Ellos, en su lista de satisfactores, hablan del dinero, del ambiente, de tener el mejor equipo, de tener horario, de tener seguridad, etcétera, y muy abajo del caso de los compañeros, de los jefes y de las relaciones sociales. Para el mexicano aparece en los primeros lugares.

Moisés González Navarro, ¿por qué trabajamos los mexicanos, cuál es el gran motivador?

Me permito adelantar una observación, recogiendo los comentarios hasta ahora consignados. Por mi formación profesional de historiador, tiendo a relativizar. Cuando Néstor de Buen dice "hay dos Méxicos" e Isabel Reyes agrega "hay nueve mil", me acuerdo de un libro clásico que habla, si no de mil, sí de muchos Méxicos. Eso nos ayuda en cuanto a la pregunta que se hace. Y daría otro paso en el sentido histórico: ¿el mexicano de hoy ha sido siempre como lo revelan los datos de la encuesta mencionada? Agregaría otro elemento que ya esbozó Isabel Reyes: la regionalización geográfica; y lo añadiría también por razas, como lo esbozó un poco Néstor de Buen; y lo añadiría también por el tipo de trabajo.

¿Significa que no podemos hablar del mexicano y el trabajo, sino de los muchos mexicanos, las muchas regiones y los muchos tipos de trabajo?

Eso es; por ahí plantearía la cuestión.

¿Se puede coincidir con esa máxima popular de que los mexicanos somos flojos, como gran promedio general?

El solo hecho de estar con ustedes me da derecho a decir que no somos tan flojos.

¿Pero está hablando por usted?

Sí, y lo hago deliberadamente en un sentido paradójico, justo para que se relativicen al máximo los planteamientos y, por tanto, las respuestas. Ahora bien, Néstor de Buen esbozó algo que es fundamental: el choque de culturas, en el sentido de que para el europeo que conquista este país el indio es flojo.

¿Era flojo el indio?

Creo que no, ni lo era ni lo es.

¿De dónde surge, entonces, esa visión del conquistador de que el indio es flojo?

De su criterio de conquistador, que lo obliga a establecer los repartimientos de indios. Los españoles obligan a los indios a que trabajen para ellos. ¿Por qué? Porque los indios no querían trabajar para nadie; porque no habían sido conquistados por gente de una mentalidad tan diferente, como fue la española frente a la india; porque sí habían sido conquistados: hubo un pueblo conquistador por excelencia, al final de nuestra época precortesiana, que fueron los aztecas, pero ellos participaban de la misma mentalidad que el resto de los pueblos indígenas, aunque tal vez habría que distinguir entre el México central y del sur y el México del norte, que era nómada. El México del norte, nómada, a mí me parece que tiene otros valores de trabajo muy diferentes a los del indio del centro y del sur del país.

¿Antes de que llegaran los conquistadores, los pueblos de esta área no eran flojos?

Y no lo son.

El "no lo son" es lo que discutimos. ¿Cuando dice que los conquistadores los empiezan a obligar a trabajar para ellos, a través de la Conquista misma, esto querría decir entonces que el indígena se rebela al trabajo, porque se rebela a trabajar por el conquistador y para el conquistador?

Me parece que sí.

¿Eso ha permeado a través de quinientos años?

En diferentes grados y circunstancias, sí.

¿Seguimos viviendo esa misma circunstancia en grados?

No la misma, pero creo que sí hay una raíz que subsiste.

¿En qué se basa, si puede ampliar ese punto?

En la medida en que el México de hoy sigue teniendo valores precortesianos, que en el fondo son valores precapitalistas. Trasladaría la cuestión de las razas y de las conquistas a los modos de producción; son valores precapitalistas.

¿Cómo eran los valores del trabajo o de la economía precortesianas?

Son valores comunitarios y con una economía más bien consuntiva. El contraste con una economía como la actual, en que vivimos arrastrados por la vorágine del capitalismo, es absoluta. Creo que podría sernos útil recordar la tesis clásica de Max Weber sobre la ética protestante. Según ésta, la ética protestante dio la justificación teológica al trabajo —como lo dijo en su momento Adolfo Ruiz Cortines— fecundo y creador. Dio justificación al ascetismo para el trabajo. Tuve el privilegio de estudiar con mis maestros españoles republicanos en El Colegio de México; tres años batallé con Max Weber, dirigido por Medina Echavarría, que en su momento era quien más conocía a Max Weber en México y en todo el mundo de habla española. Ahora, cuando empiezo a conocer Japón, no sólo a través de los libros sino incluso personalmente, me encuentro con un país que no tiene ética protestante y que trabaja como si la tuviera.

¿A qué se debe?

Ésa es la gran pregunta que me hago.

¿Y ya se la contestó?

Todavía no. Invito a mis colegas a que ayuden.

Dice Isabel Reyes: voy a tratar de dar respuesta; aunque definitivamente es un poco difícil sin tener los datos. Nuestras culturas se pueden dividir en dos grandes tipos: las individualistas, como las protestantes; y las colectivistas, donde vemos más el bienestar del grupo. Desde ese punto de vista, coincido en que el mexicano definitivamente pertenece a una cultura colectivista, que le gusta más el bienestar común, pero que vive continuamente en una dialéctica, que la tenemos en sus dichos: "No por mucho madrugar amanece más temprano", y "Al que madruga Dios lo ayuda". Obviamente son dichos no completamente mexicanos; no nacimos por impronta, tenemos una gran influencia española, pero nosotros los usamos más. Lo que le ha pasado al mexicano es que ha desarrollado mucho esta dialéctica, debido a esta cultura —y en el mexicano me incluyo yo, que soy hija de yucateco, de veracruzana y soy norteña, así que represento a los tres niveles de que se habló. ¿Qué tanto siente y aprende el mexicano que puede controlar su medio o qué tanto el medio lo está controlando a él? Eso es lo que en psicología se llama "el opus de control". El mexicano vive más ese aprendizaje de que el medio es el que lo está controlando y debido a eso poco puede hacer por él. Siento que por esa razón el trabajo es una necesidad.

¿El mexicano como cultura siente que el medio lo controla y que él no controla el medio? ¿Eso está en nuestra mente, culturalmente?

Exacto. Los estudios nos lo han demostrado así.

¿Quién controla el medio?

La capacidad que tiene uno para mover, para cambiar las cosas.

¿Pero quién controla ese medio que nos controla?

Ahí hablamos, en ocasiones, de fatalismo, del macrocosmos, hasta de que somos guadalupanos.

95

¿Pero ahí no cabría, dentro del macrocosmos, por ejemplo: la empresa me controla, el gobierno me controla, el sistema me controla, porque entre el macrocosmos y yo tiene que haber algo enmedio?

Claro que sí; esa parte de los poderosos, del microcosmos, entre los cuales está el gobierno, mi jefe, etcétera.

¿Y entonces nos volvemos un tanto pasivos como mexicanos, esperando que nos digan por dónde y cómo?

No me gusta la palabra pasivo, pero, en cierta manera, es así. Podemos llegar hasta vivir un fatalismo, que sería el extremo: hago como que hago, porque de todas maneras nos va mal, no me pagan mejor, etcétera. Lo que hacemos los mexicanos es automodificarnos; en lugar de modificar y solucionar el exterior, nos automodificamos, y ahí está lo que pasamos ahora: antes comía cuatro veces...

No cuatro; comía dos, ahora como una.

Exacto. Antes podía salir de paseo y ahora no lo hago.

¿Esto querría decir, Moisés González Navarro, que un anglosajón, ante una circunstancia similar, diría: yo puedo más que el medio ambiente que me domina y lucha para dominarlo?

Sí, en efecto, su mentalidad así funciona. Quiero recordar un ejemplo: en mi natal Guadalajara, hace más de cincuenta años, a un médico de origen sirio, con una mentalidad muy racional, de acuerdo con los términos que emplea Max Weber, le parecía incomprensible que una vendedora de frutas no hubiera aceptado que le comprara de una buena vez la totalidad de su mercancía que tenía a la venta.

Néstor de Buen, hay personas que dicen que el mexicano es todo esto que estamos tratando de hurgar en el fondo de nuestra conciencia; todo lo que pasa es porque no hay buenos jefes, no hay liderazgo, las leyes están contra los trabajadores, están corporativizados, no se les paga bien, ¿se puede creer en eso?

Pienso en varias cosas sobre este tema. En primer término, el asunto de si es flojo o no el mexicano. Parecería que no hay país en el mundo que tuviera una semana de trabajo de 48 horas como nosotros. Consideremos que un mexicano, en este precioso Distrito Federal y anexos, tiene que levantarse por lo menos dos horas y media antes de empezar a trabajar, padecer un tránsito espantoso para llegar al trabajo...

Pero ocurre en muchos países. En el Tercer Mundo la gente se levanta muy temprano porque no hay medio de transporte, y en el Primer Mundo tienen que transportarse, quizá durante un par de horas, en trenes muy rápidos para llegar a su trabajo...

Digo lo siguiente, y además en estos mexicanos incluyo a los jefes y no solamente a los trabajadores de primer nivel. Creo que el mexicano no es flojo sino fundamentalmente improductivo; en el sentido de que no hace las cosas como tendría que hacerlas, y ahí probablemente le falte el incentivo personal: una dirección inadecuada, una formación insuficiente, un salario totalmente insuficiente y quizá un trato personal de quienes lo rodean. El mexicano es capaz de trabajar, y trabajar intensamente, y hay muchos empleados que desean trabajar tiempo extra, y hay convenios colectivos. Evidentemente, eso no puede representar una sociedad floja ni mucho menos; lo que pasa es que es una sociedad mal organizada, probablemente, y entonces esa improductividad es una respuesta tácita a la falta de premio suficiente al esfuerzo, independientemente de otros factores de entorno, de educación, etcétera.

¿Si de pronto tuviéramos una clase de empresarios verdaderamente dirigentes; les diéramos preparación a los trabajadores mexicanos; les incrementáramos el salario que ganan, nos volveríamos una sociedad hiperproductiva?

No dependerá solamente de los empresarios, sino de ese factor tan importante, insisto, que es la educación previa. Si a la gente no la educamos desde que empieza a vivir, desde la primaria, secundaria, para un esfuerzo y una conducta moral, ya es muy difícil que cuando llegue al mercado de trabajo sean gentes óptimas...

¿Por muy buen sueldo que se les dé?

Por muy buen empresario que haya y por muy buen sueldo que se le pague. Es un problema que va más allá de la relación laboral.

Mencionó Isabel Reyes, y tiene razón, el tema de las regiones. Una región pobre y una relativamente pobre y los salarios son diferentes, y todos son mexicanos de acuerdo con las regiones en que viven. Esto es un hecho: el desarrollo del medio en que se trabaja también es muy importante para lograr que una gente pueda hacer un esfuerzo mayor o menor. Lo que quiero decir es que no es un problema de falta de moral; el no trabajar intensamente no es un problema de falta de moral. Y aquí quiero señalar algo que me hizo gracia de la encuesta: cuando el mexicano habla de sí mismo, 79% dice que está de acuerdo en que el trabajo enaltece al hombre; 72% con que el pan debe ganarse con el sudor de la frente —bíblico además—; 70% con que el esfuerzo es capaz de suplir la falta de habilidades, etcétera, pero después, cuando habla de los demás, no de sí mismo, dice: son impuntuales (76%), tramposos (72%), personas que requieren de supervisión (79%), flojos (77%), etcétera. Pero lo dice de los demás, no de sí mismo. Somos críticos, pero no frente a nosotros. Es difícil que uno se atribuya esas cosas. Creo que se necesita tener una personalidad muy segura, para decir que se es impuntual y que se es tramposo. Pero un país que no se puede autocriticar no es un país suficientemente desarrollado.

Por eso estamos tratando de generar la autocrítica. Isabel Reyes, ¿cómo explicar al México del norte, donde se dice que se trabaja más, se produce más, y el México del centro y del sur, donde no ocurre ese fenómeno con tanta intensidad?

Parte corresponde a la situación histórica mencionada, y aparte tiene mucho que ver con patrones de crianza; en el sur y en el sureste, son mucho más tradicionales con la cultura, y entre más tradicionales somos, más apapachadores, y menos fomentamos esta independencia que se requiere en cierto momento para ser más productivo, para ser capaz de ir un poco en contra para modificar el medio. Los patrones de crianza que tienen en el norte contrastan con esta tendencia; a ellos les ha tocado bailar con la más fea, en lo que se refiere a la tierra, la geografía, etcétera; en el sur y el sureste siempre fue más benévolo el entorno; en el norte, lo han tenido que dominar.

Moisés González Navarro, las culturas prehispánicas eran trabajadoras, comunitarias, ¿qué otro elemento más podemos saber de cómo eran esas sociedades en cuanto al trabajo?

Creo que con sólo ver las pirámides, los centros ceremoniales, nos enteramos que allí hay pueblos extraordinariamente laboriosos.

Pero después tuvimos catedrales también.

Allí también hay un pueblo extraordinariamente laborioso, aunque un antiguo compañero mío, muy antiespañol, siempre tenía mucho gusto en decir: pero esas catedrales se hicieron con trabajo forzado.

¿Y las pirámides no?

Creo que también; insisto: busco relativizar y relativizo geográfica y temporalmente. Otro buen ejemplo es el siguiente: un poco casualmente vi en televisión hace poco un programa sobre mixtecos en Nueva York. Debo confesar que conozco la mixteca; sé que es una zona tremendamente pobre y me dio una enorme alegría ver a estos mixtecos que triunfan en Nueva York, y que tienen que triunfar en un pueblo en el que la competencia es la virtud máxima. Esto quiere decir que no hay una cosa congénita.

Es decir, que si estamos en un entorno árido como en el norte o estamos en un entorno competidísimo, ¿entonces los mexicanos cambiamos?

Si hay la motivación. Si no la hay, esos mexicanos, esos mixtecos que fueron a Nueva York, acabarán ebrios o drogados, y por desgracia hay algunos mexicanos que van a Estados Unidos y acaban así; pero ya que cito el caso de los mixtecos, creo que se conoce bien que los braceros que triunfan en Estados Unidos son un buen ejemplo, un ejemplo excelente de que el mexicano no es flojo.

¿El entorno es el que nos hace ser flojos? En otras palabras, ¿nuestro entorno nacional?

Los sistemas económicos, y algo los valores, según se comentó.

¿Esto querría decir que si los mexicanos, ya no por gusto, sino por urgente necesidad, tenemos que empezar a trabajar más y mejor para poder salir un poco o un mucho de esta pobreza, tenemos que cambiar estos entornos? Porque si el mexicano cuando se va a Estados Unidos, que tiene un modelo competitivo, trabaja mejor, ¿quiere decir que aquí hay que cambiar el entorno?

Creo que sí; y por entorno habría que entender no sólo la mentalidad en un sentido más inmediato, sino un sistema económico. Hay muchos mexicanos que no quieren trabajar más, porque no quieren —para decirlo en el sentido "científico"— dejar más plusvalía a su patrón.

¿Entonces hay muchos que dicen para qué trabajo más si la gran parte se la lleva mi patrón? Hay otros que incluso he escuchado en el mundo sindical, Néstor de Buen, que dicen: para qué trabajo más horas extra si se las lleva el gobierno en impuestos.

Eso es muy frecuente; porque el mecanismo fiscal es tan absurdo que un trabajador que labora tiempo extra acumula una carga fiscal bárbara, y realmente recibe muy poco por el esfuerzo. A mí me pasa en mi despacho. Frecuentemente, el personal tiene que trabajar tiempo extra, pero lo ve con desconfianza, no por el esfuerzo, sino por el resultado en función del descuento fiscal, y hay que inventar cosas para que esto no sea tan incómodo para ellos. Ahora, si se me permite, Moisés González Navarro mencionó algo muy importante sobre el mundo prehispánico. Creo que era una sociedad básicamente teocrática, en la cual la actividad, la dedicación a las deidades era muy importante. En segundo lugar, era una sociedad guerrera, que captaba esclavos y éstos podían hacer las labores fundamentales. Era una sociedad de comerciantes —hay libros, por ejemplo, *Azteca*, que hablan de hombres que viajaban por todo el territorio mexicano actual haciendo ventas y compra—; era, además, una sociedad de autoconsumo, de poca producción, no era básicamente exportadora ni mucho menos. Entonces, sus necesidades no creo que fueran excesivamente grandes. El trabajo, como pasó en Grecia, era una actividad de esclavos, no una actividad de hombres importantes, que se podían dedicar a otras cosas; Aristóteles lo menciona frecuentemente. Por ello, la comparación del

100

trabajo en una sociedad moderna, industrializada, terrible como la que vivimos hoy, quizá no sea mejor ejemplo para explicarnos nuestra situación actual.

Pero de esas características mencionadas, ¿cuáles todavía nos quedan, quizá de una manera disfrazada, en el buen sentido del término? Por ejemplo: se dice que era una sociedad teocrática, y todavía lo somos, aunque con otras representaciones divinas; percibimos entonces muchas veces cómo hay una liga entre lo que es la divinidad y el trabajo.

Pero dentro de lo industrial, lo cual hace cambiar completamente las condiciones.

Pero lo hemos adaptado. De alguna manera, tratamos de seguir buscando una especie de justificación, de explicación a nuestra falta de trabajo o mucho trabajo ante la divinidad.

Tal vez; el "si Dios quiere" sigue siendo muy válido en muchas cosas.

¿Esto significa que los quinientos años han transitado este concepto? Otra cosa: se dice que la azteca era una sociedad guerrera. ¿A lo mejor podríamos encontrar la traducción del guerrero de hace quinientos o seiscientos años, en otra forma actual?

No veo fácil hacer una transposición al momento actual de ese guerrero. Sí quiero decir, a propósito de lo que mencionó Moisés González Navarro de la gente de Oaxaca, de los mixtecos, que aparentemente son flojos; no pienso en absoluto que sean flojos. Tuve el privilegio de tener en mi servicio militar en el año 44 —y estuve un año de conscripto— que la mitad de la compañía eran oaxaqueños; gente espléndida, de trabajo, sencilla, con ganas de ayudar. Piénsese ahora, en la realidad actual: esta gente viajando desde Oaxaca y Guerrero, sobre todo Oaxaca, por las costas del Pacífico, levantando cosechas; que trabajan de manera impresionante; y llegan a Estados Unidos después, en donde obtienen un premio suficiente por su trabajo, por su esfuerzo, y se convierten en gente limpia, aseada, bien presentada, con un sentido diferente; transformados, porque el medio ambiente los

101

transforma, porque el medio ambiente premia su actividad.

¿Es el medio ambiente mexicano el que no hace sacar lo mejor del mexicano para trabajar, Isabel Reyes?

Por lo menos hasta el momento así ha sido. La gran ventaja del mexicano es su flexibilidad. Eso es lo que le lleva a un mundo competitivo y sacar lo mejor allá. Aquí no vive ese mundo. Es más, aquí, muchas veces el grupo social castiga a aquél que llega siempre puntual, a aquel que sobresale y trabaja un poco más; el mismo grupo lo castiga, castiga su éxito. Una situación que creo ha sido muy importante en el desarrollo de nuestras habilidades laborales ha sido el paternalismo. La capacitación no debería ser ley: debería merecerse. No todo mundo debe ser capacitado. La potencialidad está allí. Sé que me estoy metiendo en un lío terrible, pero déjenme decir que en los últimos cinco meses hemos estado colaborando en un programa de capacitación, y es evidente que las personas están ahí por la fuerza; uno tiene que hacer circo, maroma y teatro para atraerlas.

¿Por qué están por la fuerza?

Porque es parte del plan de capacitación; y tienen que ir.

¿Por qué no están convencidos?

Factiblemente, porque no sienten que la capacitación les vaya a dar un beneficio.

¿Y por qué no alcanzan a sentir eso?

Vuelvo a la educación. Definitivamente, nuestra educación, que ha sido tan repetitiva en términos generales, muy propiciadora del desarrollo de la memoria, no nos lleva a la capacidad de análisis, de síntesis; a hacer abstracciones. No es que no tengamos la capacidad, es que ésta no se nos desarrolla.

Interviene Moisés González Navarro: me van a perdonar que tenga mis obsesiones. Vuelvo a Max Weber: él distingue entre la racionalidad con arreglo a fines y la racionalidad con arreglo a valores. En las sociedades capitalistas predomina la racionalidad con arreglo a fines.

¿Racionalidad con arreglo a fines? ¿Yo soy racional porque voy hacia un fin determinado?

102

En las sociedades tradicionalistas puede predominar la racionalidad con arreglo a valores. México es un país —y algo de eso esbozó Néstor de Buen—, yo no usaría exactamente esta palabra, teocrático; preferiría hablar de religiosidad, en la cual predomina la Virgen de Guadalupe como centro de nuestro catolicismo, y que obedece a la fuerza del milagro. El milagro, un poco o un mucho, va a ser un obstáculo fundamental a la racionalidad con arreglo a fines.

Es decir, ¿es más fácil que yo le pida a la Virgen a que me ponga a trabajar?

Y que la Virgen me haga el milagro a que yo me ponga a trabajar. Ahora, no quiero ser tajante. Pienso, en este propósito de regionalización al que se hizo referencia, en uno de los pueblos o una de las regiones más tradicionalistas de México, que son Los Altos de mi natal Jalisco: ellos son muy católicos y tremendamente trabajadores.

¿Y cómo se explica eso?

Tendríamos que pensar si esto obedece a elementos de este tipo: a que son criollos —incluso, algunos dicen que son de origen judío, y que conste que algún bisabuelo mío, que parece que andaba por allí, era alteño— o que el medio fue hostil, semejante en esto al norte, y que obligó a los alteños a trabajar como lo hacen todavía hoy. Ahora, lo importante es que hay elementos de reflexión que me gustaría se ponderaran, para que no se llegara a conclusiones un poco precipitadas y tal vez demasiado tajantes.

Ya estamos llegando a las conclusiones. Néstor de Buen, según lo consignado, cuando enfrentamos al mundo de la globalización, y tenemos que competir con los japoneses, los coreanos y los estadunidenses, ¿cómo le vamos a hacer para no dejar esto solamente en una agradable discusión teórica? ¿Cómo haríamos para darnos los elementos necesarios para enfrentar ese mundo que, guste o no, allí está?

Isabel Reyes habló de la capacitación y del rechazo a la capacitación. Yo diría que si esa capacitación se lleva a cabo fuera de la jornada de trabajo, si no tiene detrás el incentivo de la seguridad de un empleo para el mejor trabajador, para el que haga más esfuerzo, y quizá si no considera una remuneración en tanto se capacita al empleado, que también habría que considerarlo, evidentemente el trabajador no verá en la capacitación ningún interés; y no porque no tenga habilidades, simplemente porque no tiene interés. Éste es un tema. El problema que se planteó, que para mí es fundamental, es que si estamos en el mundo de la globalización frente a esa maravilla de un mercado enorme al que podríamos llegar, qué ha pasado con nuestros micro y pequeños empresarios que cerraron las puertas de sus pequeños talleres, de sus fabriquillas, corrieron a los trabajadores y se dedicaron a ser importadores por la vía más fácil; fueron los empresarios, no los trabajadores, los que no supieron competir. Creo que tenemos que volver hacia atrás y empezar de nuevo un camino largo, como si fuera un salto de longitud, para agarrar el impulso y entrar a ese mercado, entendiendo que dependerá de la formación profesional, pero, sobre todo, de una dirección inteligente, osada, valiente, definida, que quiera realmente aprovechar lo que tenemos al alcance de la mano y que los mexicanos no hemos querido aprovechar en la forma en que se debió hacer. Todo esto es formación, capacitación, intenso esfuerzo, audacia, y salir a la calle y no quedarnos nada más encerrados en casa.

Ese reto, Isabel Reyes, ¿cómo enfrentarlo?

Insisto: primero que nada, me iría a la educación, definitivamente...

¿La educación a partir de cuándo? Porque nosotros ya salimos del sistema educativo, y muchos otros atrás de nosotros también ya salieron, pero también hay otros que hoy están en un sistema educativo que no está dando lo que necesitamos. Entonces, si mañana el gobierno dijera: éste es de verdad el nuevo modelo educativo, que nos va a enfrentar a lo que necesitamos, mientras eso da fruto, van a pasar muchos años, y no sé si este país pueda resistir tantos años mientras da fruto el nuevo sistema educativo. ¿Qué hacemos mientras?

Cuando hablo de educación, lo hago en el sentido más amplio; no me refiero al escolarizado necesariamente. Somos producto de una cultura, y la cultura se mama, se transmite sin que uno se dé cuenta.

En ese ámbito es que hablo de un cambio actitudinal, de un cambio de valores. Somos nosotros los que debemos transmitirlo. Ésa es para mí la situación general. La otra significa asumir que debemos dejar ya de importar modelos que sabemos que no han sido efectivos, por lo menos aquí; hay que buscar, crear los modelos para el material, la mano de obra que nosotros tenemos, y no seguir copiando, quitando, haciendo. No vamos a tener nunca calidad total si seguimos hablando de un mundo de japoneses; si éste es el modelo, no la vamos a tener. ¿Cuál es el modelo de calidad total que corresponde al mexicano? Un cambio de valores, un cambio de actitudes. No podemos seguir pensando que somos flojos, apáticos e irresponsables, aunque se trate de nuestros vecinos y no de nosotros. Debe haber ese cambio, esa tendencia hacia el cambio, para hacernos una sociedad competitiva sin perder la capacidad de colaboración, de cooperación, porque allí es donde está nuestra fuerza...

Los dirigentes de Japón o de Corea o de Singapur o de Alemania o de Holanda —países todos exitosos—, de alguna manera se basaron en algo muy propio para lograr ese éxito. No fueron a copiar otros modelos, necesariamente, aunque siempre hay imitación de algunos elementos. Parecería que nosotros queremos ser exitosos siguiendo otros modelos que adaptamos a México. Casi nadie está pensando en cómo podemos, con lo nuestro, ser exitosos, como aquellos países hicieron con lo suyo...

Quizá lo que hace falta es una valoración de lo que se ha producido en México. En muchas situaciones seguimos importando lo que son las teorías, lo que son las aplicaciones, olvidándonos de lo que se ha creado aquí. Pondría un ejemplo nada más: se ha encontrado en diversos estudios que en México tenemos una forma particular de percibir el mundo global. Es un término muy amplio, que no voy a explicar. Y ¿qué sucede? Que cambia nuestro sistema educativo y nos mandan a la enseñanza con método global. Y ¿qué es lo que está pasando? Tenemos unas faltas de ortografía garrafales. Algunos de nuestros estudiantes en la universidad ya no quieren hacer exámenes por escrito

105

porque les da vergüenza. ¿Por qué? Por un sistema inadecuado para lo que tendríamos que estar enseñando.

¿Quiero entender que se trajo algo que no era propio de nuestro sistema?

Y que no nos sirve.

Y el resultado es ése.

Ése es uno de los resultados. Y como ése, estamos hablando de muchos otros problemas que considero que tenemos en nuestro país.

Moisés González Navarro, ¿cuál sería su última reflexión?

Volver la vista a Japón, a pesar de que hubo una propuesta de que nos olvidáramos de los japoneses. En mi deformación como historiador, me ha golpeado mucho haber estudiado el desprecio con que a principios de este siglo se veía en México a los japoneses y la autocomplacencia de la clase dirigente, más exactamente de la clase dominante, y el desprecio con que veía a los trabajadores.

¿Habla usted de la época de don Porfirio? ¿La clase dominante veía con desprecio a los japoneses y a los trabajadores mexicanos?

En efecto; lo asombroso es que ahora los japoneses, bajo el punto de vista del homo economicus, se ríen de nosotros. ¿Qué ha pasado? ¿Qué hicieron ellos y qué no hicimos nosotros? A mí me llama mucho la atención una observación que he oído incluso en Japón, en la Universidad de las Naciones Unidas en Tokio, en el sentido de que el éxito del Japón se debe a que tomó de los países capitalistas la técnica, pero no el espíritu. Creo que siempre tenemos que preguntarnos ¿qué queremos ser? ¿Un pueblo rico ahogado en las drogas o un pueblo pobre, ahogado en las drogas también —y drogas en el doble sentido de la palabra—, como somos nosotros? Como no tengo la respuesta, sólo me queda plantear la pregunta. Creo que mientras los mexicanos no nos sentemos a reflexionar ¿qué queremos ser?, y empecemos a tomar acciones, va a ser muy difícil que con la sola autocomplacencia saquemos adelante a los millones de pobres que tenemos. Hay varios puntos muy importantes para insistir mucho en el modelo educativo, o cambia o nos acaba de hundir; definir por qué trabajamos;

ya que somos más bien un pueblo de comunidad, revisaremos los valores de comunidad. Reaccionar a nuestra proclividad a soportar el
medio más que a combatirlo.

Interviene Néstor de Buen: añado una pregunta que ya hizo
José Gutiérrez Vivo: ¿cómo remediar este problema? Y propongo:
necesitaríamos una inyección de ocho siglos de Edad Media que nos
faltaron y que no nos caerían mal. No es una sola solución; son varias
líneas de solución: la educación, la formación, y esto que hoy llamamos así muy genéricamente, como muy pasado de moda, la justicia
social, con todo lo que implica. Si educas, formas, pagas y tratas adecuadamente, el material humano, los mexicanos, no el mexicano, son
susceptibles de llegar a las más altas esferas de productividad y de capacidad. Quizá habría también que educar el consumo. Es repensar
México, finalmente. Repensar todo.

LA CORRUPCIÓN EN MÉXICO

*Colaboran: Josefina Zoraida Vázquez, Luis Féder
y Fernando Escalante*

Opiniones acerca de la corrupción en México también se buscaron en una encuesta que se hizo en la ciudad de México entre una muestra de trescientas personas de más de dieciocho años y de nivel socioeconómico alto, medio y popular.

En principio, destaca que nueve de cada diez encuestados (88%) señalaron que en nuestro país existe mucha corrupción; es decir, se trata de un fenómeno que, a decir de las personas, es generalizado.

Varios son los motivos por los cuales se considera que existe corrupción; entre ellos, los bajos salarios (29%); la ignorancia o la falta de preparación (28%); el que ésa sea la forma a través de la cual funciona la burocracia (18%); el que así opere el sistema (15%); el que sea una forma de ser de los mexicanos (12%); la pobreza del pueblo (12%); y la carencia de principios morales (12%).

Además de las causas enumeradas, se observa la existencia de prácticas que dificultan erradicar la corrupción. Es así que la mayoría de las personas coinciden en que no se castiga debidamente a los culpables, que en ocasiones es el único remedio para llegar a una solución favorable, y en que la corrupción está tan arraigada que no le damos la debida importancia.

La corrupción no sólo existe y se genera en abundancia; ocho de cada diez entrevistados (81%) manifiesta que en los últimos años ha venido en aumento.

Al preguntarse por las áreas en las cuales hay corrupción, las más mencionadas fueron las corporaciones policiacas (56%); entre los funcionarios públicos de alto nivel (42%); las instancias encargadas de la procuración de justicia (34%); y las empresas que ofrecen bienes o servicios al gobierno (31%).

Asimismo, la gran mayoría (72%) opina que el sector público ha sido más corrupto que el sector privado. La mayoría de los mexicanos (56%) no confiamos en que la corrupción se pueda controlar o eliminar. Este hecho parece derivarse de la idea de que es el gobierno quien debe encabezar la cruzada en contra del fenómeno (véase Anexo 5).

Los datos que arroja esta encuesta dan pie para muchas preguntas y comentarios. Cada vez que se habla de corrupción, recibo comentarios como: oiga, no sea injusto; con esto está usted implicando que todos somos corruptos o que vivimos en la corrupción, y la realidad es que en México son unos cuantos. Fernando Escalante, ¿qué decir sobre esta aseveración?

Lo que la gente suele tener en mente es que quienes más se benefician de la corrupción son unos cuantos, y eso, por supuesto, es cierto. Sin embargo, si a la corrupción le damos una implicación genérica y entendemos que se trata del uso de la ley para fines particulares, torcer la ley o buscar una excepción a la ley para beneficio particular, aparece una inmensa cantidad de mexicanos que se beneficia, o nos beneficiamos, de la corrupción.

¿Quiere decir que sí es un fenómeno general?

Evidentemente se trata de un fenómeno masivo. Lo que ocurre es que hay hechos que no se perciben como corrupción. Que pueda haber quienes viven en un asentamiento irregular, que no posean la tierra en la cual han construido su casa y sean capaces de mantenerse allí gracias a una mordida, esto es también corrupción: supone torcer la ley para obtener un beneficio particular, pero no lo reconocemos

110

como tal. Ocurre también en el hecho de que haya trabajadores ambulantes, sin licencia para ocupar el espacio en que están instalados. Cualquiera de estos fenómenos, que son masivos, y que involucran a quienes sabemos son los menos favorecidos, es también corrupción; y tampoco los vemos así.

¿Sería esto un rasgo cultural de los mexicanos, aunque no seamos la excepción en el mundo?

No me gusta pensar en términos de rasgos culturales, a menos que podamos arraigarlos muy claramente en estructuras sociales. Lo que llamamos rasgos culturales persisten o sobreviven porque obedecen a razones de orden social; es la estructura social la que los hace persistir.

¿Por qué persiste, y en serio, este fenómeno en la realidad mexicana?

Creo que es un problema de estructura social; forma parte del orden de nuestra sociedad, no es algo que tenga que ver con algo que fuese "el ser del mexicano" o "la identidad del mexicano"; es la forma de la sociedad mexicana.

¿Es la forma de ser de la sociedad mexicana? Josefina Vázquez, ¿de dónde surge este fenómeno tan extendido en nuestro país? ¿Cuál es su origen?

Para un tipo de corrupción —porque yo también, como Fernando Escalante, pienso en múltiples formas de corrupción—, como la de los funcionarios, creo hay una larga historia. Empieza un poco con la venta de cargos que hizo el gobierno español para obtener más fondos; esto trajo una liga, digamos, de hechos. Por ejemplo, alguien quería ser alcalde o corregidor de un pueblo; entonces, él tenía que dar una fianza y comprar el cargo, y acudía a un comerciante. Ese comerciante tenía que sacar ventaja de eso y se convertía en agente que compra barato y vende caro; así se hace una serie, y todo mundo empezó a tomar los cargos no como servicio público sino para beneficio propio. Podríamos decir que esto, por otro lado, lo causaron los bajos salarios. Esto pasó también en las colonias americanas. Los mis-

111

mos cónsules británicos en el siglo pasado, en México —he visto los papeles—, se justifican de que cuando les llaman la atención —el Foreign Office estaba muy fuerte para el contrabando— se queja el gobierno mexicano, y dicen: pero es que nos pagan muy poco. Está ahí escrito.

¿Está dando a entender que los cónsules británicos también estaban en la corrupción?

Que eran comerciantes. O no tenían sueldo, como por ejemplo los vicecónsules, y entonces hacían comercio y contrabando. Y no había otra manera. Siguieron Barrón y Forbes —famosos como corruptos y contrabandistas en San Blas. Entonces, creo que hay varios niveles. Tampoco olvidemos que en épocas de gran industrialización, de gran crecimiento o de cambio económico, ha habido corrupción en todos los países. En Estados Unidos se hicieron caricaturas de la época de la industrialización, en donde muchos senadores fueron grandes banqueros y aparecían cargando con el congreso y la Casa Blanca. Hay muchos orígenes. Para mí hay una cosa que tomar en cuenta: el gran contraste social, casi igual al de 1821. El contraste social de este país es tremendo; ver que unos tienen tanto y otros no, carcome la moral, por lo menos en las áreas urbanas.

¿Es una justificación?

No lo veo como justificación; busco una explicación y la verdad es difícil. Sorprende ver cómo, dentro de este ámbito, nos llama la atención la honestidad de alguna persona, y señalamos siempre sólo la corrupción. Creo que eso ha dado lugar también a un cinismo ante el hecho mismo, porque nunca nadie se fija en la honradez. Si un presidente no ha robado, se le trata como tonto; entonces, esto genera supuestos y la gente ya no reconoce exactamente en qué consiste la corrupción.

Fernando Escalante, ¿en una especie de escala de valores propia, ser decente, honesto en el trabajo es mal visto?

Querría hacer una apostilla respecto de este origen colonial de la corrupción, en el patrimonialismo, en la venta de los cargos. Esto fue práctica también en otros países, aunque en algunos no persistió esta visión patrimonial —conjeturo— porque se constituyó una visión, una noción de lo público; algo que todos tenían en común y que se defendía por la legalidad, a diferencia del caso mexicano, donde la tradición del uso patrimonial de los cargos persistió. Y acaso la desigualdad, esta brutal desigualdad, y las formas del crecimiento económico que la reproducen, sean factores que expliquen esa persistencia.

Interviene Josefina Vázquez: es que no en todas las etapas de México ha existido la corrupción. Se redujo considerablemente en el siglo XVIII, cuando llegó la nueva burocracia, digamos, profesional. Después, no se olvide la austeridad que trajeron los liberales en la época de la Reforma, a la que aludió el presidente Zedillo cuando tomó posesión; fue una etapa de austeridad que también trajo un tipo de funcionario diferente.

¿La austeridad y que hubiera servidores públicos, vamos a decir, de carrera, más profesionales, empujó a la calle a la corrupción?

Que concibieron el servicio público como se concibe en muchos países; como una carrera de por vida, no ocasional.

Luis Féder, usted es psicoanalista, ¿cómo aceptar, por un lado, que tenemos equis principios o valores que cumplir con la sociedad y que transmitir a nuestros hijos, y, por otro, aceptar vivir y promover la corrupción?

Curiosamente a eso le llamamos adaptación. He sabido, por ejemplo, que esos hombres y mujeres honestas a que se refiere Josefina Vázquez, cuando no jalan parejo y la costumbre es la corrupción, bien que se ocupa el grupo dominante de hacerles la vida incómoda y tienen dos opciones: o le entran a la "mano negra" —así le llaman; vea usted que estoy un poquito politizado— o tienen que salir. Es decir, si predomina la corrupción, quien quiera sobrevivir tiene que colaborar.

¿Tiene que ser corrupto?

Tiene que serlo. Entonces, en un sistema así no podemos diferenciar desde afuera quién lo hace por obligación para sobrevivir y quién lo hace por convicción; esto es muy importante.

¿Su percepción es que la mayoría de los habitantes de un país como México, estaría dentro de la corrupción porque no le queda de otra y no por convicción?

He estudiado un poco el asunto de la disposición que tiene el mexicano —y hablo así, generalizando— para ser miembro de un equipo, para hacer "team work", como le llaman en inglés, y de acuerdo con mis investigaciones e impresiones, se nos educa en el anti-team. Fijémonos en que el símbolo del equipo en los países anglos es una yunta de bueyes que jalan parejo. Aquí nos dicen: si jalas parejo eres buey, y la experiencia que vamos acumulando nos confirma esa impresión; es decir, si jalas parejo tienes que borrar tu identidad, te tienes que someter. Si eres arquitecto —ya no digamos cualquier tipo de profesionista—, y quieres estar en el equipo, deja que tu jefe, que es un super arquitecto, firme y sea el autor de todas las obras, y tú no tienes derecho a que aparezca tu nombre en la lista de los créditos. Vas aprendiendo a someterte al sistema, y algún día llegarás a ser ese arquitecto y harás exactamente lo mismo.

¿Hay que pasar por ese noviciado?

Entiendo que a ese noviciado se le llama, o se le llamaba, en algunos ámbitos políticos "disciplinarse". Pero si volvemos al asunto del equipo, no jalar parejo es una actitud pasiva que fomenta la corrupción; y veamos ahora las ganancias secundarias de un pueblo que se queja de gobernantes o de gobiernos corruptos. ¿Cuánto haces tú por sostener esa corrupción de la que te quejas? ¿Alguna vez has comprado artículos robados, que sabes o sospechas que lo son? ¿Qué porcentaje de nosotros, como consumidores, fomentamos la compra de cosas "chuecas"? Si todos hiciéramos una huelga y jaláramos parejo y no compráramos un solo reloj o computadoras robadas, que ahora es la moda, algo lograríamos. Es que en cuanto a la corrupción existe una ecuación desbalanceada: esperamos ética y moralidad del gobernante, pero no del gobernado. Esperamos ética del padre, pero no de los hijos. Esperamos ética del maestro, pero no del alumno. Y así vamos.

114

¿Cómo se llama esto en psicología?

No tiene nombre.

¿No es ser hipócrita?

Es más que hipocresía; ésta es una postura, es una máscara que el que la usa siente sus bordes y sabe que la lleva; es un fenómeno consciente. La dependencia básica que se nos fomenta hace que esperemos que el gobernante sea exactamente lo opuesto de lo que nosotros somos, y nos da una gran fuerza dominar al gobernante con la corrupción; en el momento en que acepta nuestro impuesto sobre la corrupción, lo tenemos en nuestras manos y el gobernante no sabe qué vamos a hacer con ese hecho.

¿De acuerdo con esto, Fernando Escalante, en el fondo de nuestra conciencia nacional no quisiéramos que se corrigiera esta situación: porque es nuestra forma de ser y de tener, de pronto, un gabinete y una burocracia decentes, nos encontraríamos ante un shock sin saber cómo actuar ante ese hecho?

Creo que el problema no es, al final, de voluntad o de deseo. Existe una estructura, un orden que reproduce estas prácticas, y me parece, ya lo decía Luis Féder, que mediante la corrupción se intenta o se consigue dominar, controlar, subordinar, utilizar, parasitar al gobierno y al conjunto del aparato del Estado.

¿Significa que la sociedad, a través de la corrupción, domina al aparato del Estado?

Trata de hacer un uso particular; trata de beneficiarse particularmente con los recursos del Estado. Hay un dicho mexicano que explica muy bien esta actitud, que es, en primer lugar, una actitud hacia la ley: "Cúmplase la ley, pero en las mulas de mi compadre". Creo que es una actitud muy generalizada, que revela el hecho de que no reconocemos en la ley una norma pública que a todos nos interesa que se cumpla. La ley sí ha de cumplirse en las mulas de mi compadre, porque es la condición para que yo obtenga algún beneficio. Por eso, la población reconoce, y es absolutamente lógico, que la mayor cantidad de corrupción aparece en las policías y en el aparato de procuración

115

de justicia. Por otro lado, señaló Josefina Vázquez también, durante el siglo XVIII la presencia de una burocracia profesional hizo disminuir la corrupción: nuevamente se trata de dominar o no al gobierno. Una burocracia profesional puede existir cuando un Estado funciona; cuando no, también es necesario gobernar, y, normalmente, para este gobierno no profesional, hace falta una red, que podemos llamar convencionalmente, mafiosa. Lo que hemos tenido en México es una contradicción entre lo que las leyes ordenan que la población observe, que los gobernantes cumplan, que los partidos acaten, y lo que la necesidad política impone para gobernar. En esta contradicción, nuestros gobernantes han preferido siempre gobernar con la red de amigos, en lugar de fiarse de un aparato que muy probablemente no funciona.

Interviene Luis Féder: hay patrones que transferimos de nuestra experiencia personal a la experiencia gubernamental, digamos, dejando por un momento a un lado el tema corrupción. La tendencia de dialogar con los hijos es algo que tampoco tenemos tanto aquí; hemos heredado sermonear a los hijos. El compadre puede estar ausente y siente que cumple sus funciones regañando, pateando al perro, dando sermones...

¿Pero no dialogando y enseñando?

Los hijos aprenden a simular que escuchan. De ahí viene la arenga política también, los grandes discursos y el "Piensa, ¡oh patria!, que todos los días un nuevo encabezado te dio". Es una arenga, es un sermón...

Es el sermón político. ¿Ellos hacen como que nos sermonean y nosotros como que entendemos?

Quiero regresar a algo que se mencionó y que me parece tiene mucha sustancia. Según esto, parece que es la población la que a través del método de la corrupción va controlando a los funcionarios y va generando ese tipo de relación perversa. Si esto es así, ¿qué salida tenemos, Josefina Vázquez? Porque estamos ante un acto de hipocresía increíble.

116

La salida la veo bastante complicada, pero llamaría la atención en los diversos niveles de la corrupción. Veamos el problema que vive la UNAM. ¿Por qué cobramos conciencia de que son corruptos los alumnos que provocan el movimiento del CCH? Hay un esfuerzo por mejorar la enseñanza y ellos la interrumpen. Los líderes, que ya los conocemos, y los profesores que los apoyan, son igualmente corruptos, al igual que los profesores que firman y no dan clase, y las secretarias que llegan, se van al café, regresan y no hacen nada. Es decir, cobramos conciencia de todos los niveles de la corrupción, para no señalar simplemente la obvia. Me parece que eso es muy importante, porque aquellos que protestamos por estas cosas nos volvemos molestos, por no seguir la corriente, señalando que eso y aquello también son corrupción. Una solución es difícil. Cuando fui coordinadora del libro de texto gratuito en 1972, quise meter el tema de la corrupción en los libros de cuarto año. Recuerdo que pusimos una lección bastante ridícula, pero que era un esfuerzo por llamar la atención al problema. Increíble: funcionarios, algunos políticos ahora de renombre y hasta un sociólogo, me trataron de explicar que la corrupción era un medio de equilibrio social. Verdaderamente, por más que hice, se tuvo que quitar y fue el único tema que me provocó problemas. Esto fue iluminador para mí. Qué bueno que ahora salga tanto el tema de la corrupción, aunque desde hace mucho nos están prometiendo que van a terminar con ella.

¿No es parte de la mitología nacional? Cuando un problema nos empieza a molestar, o a entorpecer, entonces, el regaño que mencionó Luis Féder, el sermón adopta esa posición, y la corrupción se vuelve parte de la discusión, pero la seguimos practicando.

Puede ser que sí. Y además genera cinismo, porque, al final, de oírlo tantas veces, se vuelve rutina. Alguien afirmo que porque ya no hay valores religiosos existe la corrupción. La corrupción del imperio español se dio en el catolicismo más desbordante, así es que no creo que ése sea el origen. Pienso que sí necesitamos fomentar valores en la educación; por ejemplo, que vamos a cumplir con nuestro trabajo

117

honestamente. En la universidad no hay ninguna materia que enseñe la satisfacción que da un trabajo bien hecho. Habría que recordárselo a los profesionistas, pues también son corruptos los médicos que cobran tanto en circunstancias de crisis, y a medida que sube el dólar, ellos también suben sus honorarios. Es decir, tenemos que analizar la corrupción en toda su complejidad y en eso creo que los medios de comunicación tienen un papel muy importante; pueden llamar la atención en que no solamente los políticos son corruptos aunque ellos verdaderamente se notan; también los industriales y los comerciantes que tanto festejaron a Salinas de Gortari y ahora lo ponen pinto. Esos niveles de corrupción se nos olvidan.

Interviene Luis Féder: me gustaría que se llegara a discutir la corrupción como un síntoma y no quedar con la sensación de que hablamos de causas, de factores primarios...

¿Quiere decir que la corrupción es síntoma de alguna enfermedad?

¿A qué nos hemos estado refiriendo? A la corrupción, al gobernante que la necesita. Hasta que sacaron el tema del libro de texto, porque la palabra ofende. Así es de amenazante, porque es una forma de manejar el poder. El gobernado, el ciudadano, en su pasividad necesita el arma de la corrupción, porque es su defensa y su forma de establecer un vínculo para balancear el poder entre la omnipotencia del gobernante y la impotencia del gobernado; con ella logra un cierto equilibrio. ¿De dónde viene todo esto? ¿En qué países las causas primarias de la relación ciudadano-gobierno son un poco distintas? Váyanse con su fantasía, y recuerden el símbolo del Seguro Social. ¿Qué ven ahí? Una madre y un hijo. ¿Y el padre dónde anda? Es un aguilota, que es el Estado. Lo reconoce el Estado y el Estado está diciendo: ésta es una pareja despadrada. Aquí no hay padre; el padre es el Estado y con mucho gusto los cobijamos. Desde ahí en cuanto a símbolos. Estos señores que le hablan todos los días para decirle: es que el presidente, es que, etcétera, en este proceso hay una parte de este señor que envidia esa posición y se identifica profundamente con la parte corrupta y el deseo de omnipotencia, y en casa practica un poquito, juega al presidente desobligado, al senador corrupto, en su pequeño microcosmos familiar.

¿Cuando uno critica de manera muy aguda es porque hay una relación enfermiza entre esa persona y ese tema? ¿Quizá yo quisiera ser así o tener el poder que tiene el senador o el diputado?

En el momento en que tú me des un puesto, prometo borrar de mi vocabulario —con shishi me lavo la boca— la palabra corrupción, porque ya estoy del otro lado. Para terminar: las causas primarias están en que los hijos no son deseados, el padre está ausente, le deja el paquete a la madre; la madre no se siente nutrida en su parte infantil y femenina para sostener este paquete, y ¿qué va uno a hacer en un sistema así? Va a tratar de hacer todo lo que pueda por sobrevivir, y para sobrevivir, biológicamente, se permite la inmoralidad, porque es parte de la vida. Ahí está la cuna. Por ejemplo, la última conferencia de El Cairo, de Programación y Desarrollo, amenazaba con fracasar, y al terminar salieron todos, como cuates, abrazadísimos. ¿Por qué? Porque se les permitió regresar a sus respectivos países a practicar las mismas prohibiciones; a mandar a siete millones de mujeres a un holocausto de muertes sépticas, porque los fundamentalistas se pusieron de acuerdo; y estos fundamentalistas, que son jueces crueles, ¿en qué vientre se crearon?, ¿quién los quiso? Son gente corrupta, asesina, sádica, que descargan su rabia infantil en un puesto de mando y de responsabilidad. Todo empieza en las raíces de un núcleo familiar. Es decir, hay una moralidad en la sobrevivencia de la selva. Qué irónico el que dijo lo de "las mulas de mi compadre", porque las mulas son infértiles; ahí termina la reproducción: nada más cargan, pero no reproducen.

Fernando Escalante, hay gente que ha dicho: bueno, si el problema es tan profundo, ¿por qué mejor no nos dejamos de cuentos y aceptamos que ése es el sistema y la forma en que "ai la llevamos" y "ai la pasamos" como mexicanos? ¿Por qué no aceptamos la corrupción, guardamos ya los escándalos y los señalamientos y nos ocupamos de perfeccionarla?

119

Creo que los escándalos y las acusaciones de corrupción son tan necesarios para el funcionamiento de este orden como la corrupción misma. Políticamente es necesaria la corrupción, todo el mundo lo sabe. Un estudio conocido explica lo que ocurre en un ejido donde se sabe que el comisario ejidal tiene que usar los fondos para corromper a otras autoridades y conseguir lo que sea: es políticamente necesario. Pero también es necesario acusarlo de corrupción unos años después para sustituirlo.

¿Y ese es el círculo, vicioso, de la corrupción?

Y, en buena medida, porque vivimos con un modelo cívico de comportamiento ideal que no alcanzamos. Creo que lo que dijimos nos obliga a concluir que el problema de la corrupción se inscribe en un ámbito general, que es el de nuestra relación con la legalidad en todos los terrenos. Cumplir la ley supone una solidaridad abstracta con un conjunto de personas a quienes no vemos, y que son el "público" o el conjunto de los mexicanos. Podemos ser los mexicanos, sin duda ninguna, muy solidarios con el pequeño grupo que conocemos o con el que tenemos relaciones de parentesco real o simulado, pero esa solidaridad abstracta que supone el reconocer que tenemos intereses comunes todos, que se representan en la ley, que a veces me perjudica a mí, pero que a la postre nos beneficia a todos, esa solidaridad abstracta no existe; y no existe otra cosa más, que me parece importante —la conjetura apenas podré apuntarla—, que es la vergüenza. Cualquiera que viva en un condominio sabrá de qué se trata, porque hay siempre uno, dos o tres sinvergüenzas que no pagan su cuota de mantenimiento y parasitan a los demás, insisto, sin vergüenza ninguna. Y ése es el punto fundamental. La conjetura la voy a anunciar en términos solamente muy generales. El proceso de la civilización, el proceso por el cual nos hacemos civilizados, consiste en el desarrollo de autocontroles: que los seres humanos poco a poco se vayan controlando un tanto más en sus apetitos personales, en beneficio de los demás, con quienes hay que convivir. Las sociedades desarrolladas, las más civilizadas, son mucho más controladas. Porque hay cada vez más as-

120

pectos de la vida en los cuales necesitamos contar con autocontroles. Este autocontrol de la civilización se ha incorporado de manera eficaz cuando a uno le causa vergüenza faltar a la regla.

¿Cómo debemos actuar para que nos dé vergüenza?

El problema es que si es parte de un proceso civilizatorio, esto requiere muchas décadas y siglos; tardan mucho en formarse estos hábitos para que ya no haga falta un control externo, una sanción externa, y lo llevemos a nuestra conciencia de tal modo que nos cause vergüenza, por ejemplo, el dejar de pagar la cuota de condominio y después enfrentar a los vecinos.

¿Dónde queda el castigo, Josefina Vázquez? ¿Funciona la sanción, el castigo, el ejemplo público, o no funciona?

Creo que sería un buen principio; pero vuelvo a la complicación de la legislación que, de alguna forma, mencionó Fernando Escalante. Horst Pietschmann, un estudioso de nuestra historia, sobre todo colonial, tiene un artículo muy interesante sobre la corrupción, y una de las cosas que dice es que era tan difícil la legislación española, que a veces los comerciantes tenían que acudir a la "mordida".

¿Seguimos cargando con el mismo problema?

Seguimos en lo mismo. Veamos la constitución de Estados Unidos: es pequeña. En la nuestra le metimos todo, para que nadie la entienda bien y necesitemos diez abogados para interpretarla.

¿Para que entonces puedan medrar con esa constitución o esa ley?

Y hacemos de la ley un instrumento de extorsión. Firmamos el TLC y qué sucede: un muchacho canadiense me decía que no quiere dar "mordida", pero que es imposible conseguir cada trámite. Y todos lo vemos: vas a sacar la licencia de conducir y enseguida empiezan a decir: va usted a necesitar esto y lo otro. También hay que tener las cosas al día. ¿Por qué le dan, en primer lugar, "mordida" al agente que los detiene? Porque no tienen su licencia vigente; casi ningún mexicano la tiene al día.

¿Cómo resolver ese triángulo entre una autoridad que nos dice:

nadie por encima de la ley; la sociedad que corrompe, de alguna manera, todo lo que puede para usufructuar el beneficio; y el decente que parece no tiene cabida, Luis Féder? ¿Cómo le hacemos?

Cada sujeto tiene la oportunidad de descubrir lo déspota que es y cómo poner a trabajar esta faceta. El condominio es un área de práctica más eficaz que ninguna otra convivencia y hay culturas en donde ser honesto da vergüenza; si eres honesto eres un "outcast", no perteneces al grupo.

¿En nuestro país da vergüenza ser honesto?

Somos ambivalentes. Todavía no hemos llegado a sentir el orgasmo de la verdad; nos da mucho gusto poder engañar. Poder engañar es una herencia histórica, no sólo psíquica. Hay culturas en donde la verdad no se cotiza y la mentira es un arte. La vergüenza es un diálogo con uno mismo; ese control del que habló Fernando Escalante. Para llegar a eso, se necesita haber tenido relaciones de objeto, con figuras básicas, profundas, incorruptibles: el saber tirar la basura en un lugar; el no arrancar una flor; el pasar a un niño de un lado al otro de la banqueta; cerrar la puerta de un vecino; apagar un incendio; esas obligaciones que mucha gente practica. Entonces, desarrollamos la vergüenza ante las violaciones. Pero hay otras culturas en donde si no robas, si no engañas o no te robaste el caballo del vecino o los pollos eres un idiota y no perteneces al grupo. Lo que hay que preguntarse es qué es lo que aquí se fomenta: ¿una cultura que va a sentir orgasmo con la verdad y vergüenza profunda ante la mentira, o al revés? Mientras se practique el síndrome de preña y corre que puebla casi todo nuestro tercer mundo de familias uniparentales, donde se desconoce el origen del padre, donde el padre quiere desconocer el terrible acto de haber preñado a alguien, donde las autoridades envían a mujeres a que busquen un abortero y luego en la junta de Beijing apenas tratan de borrar el hecho de que no hay que castigar a esa mujer, ¿qué podemos decir? Imagine el castigo, en primer lugar, de tener que abortar con alguien que no es médico. En este asunto, de falta a la dignidad biológica más fundamental, cómo puede un dirigente enjuiciar la imagen de su propia madre, a la que odia seguramente, a su hermana, a su mujer y a sus hijas, cuando sin temblar puede enviar a mujeres a la cárcel por haber ido a buscar a un abortero no registrado. En el momento en que premiemos el encanto y el gusto, la dicha de practicar la verdad, en ese momento, y por el ejemplo y por la conducta no verbal, tal vez empecemos a practicar la verdad y sintamos vergüenza; y esto sí es responsabilidad de nuestros dirigentes.

¿Quizá, Fernando Escalante, al mexicano, como también a muchas otras nacionalidades, le provoque un gran placer —le llamó orgasmo Luis Féder— fastidiar al de junto? Esto se ha vuelto parte de la cultura, de alguna manera. ¿Hay alguna salida a esta situación?

La única salida real, completa, general, depende del tiempo. Es la historia y es un proceso civilizatorio. Sin embargo, sí podrían distiguirse formas de corrupción. Veo tipos genéricos: aquella corrupción inevitable a la que nos vemos forzados, que seguramente puede aliviarse con una legislación más racional, y esa otra que depende de la estructura de este orden social, de todos estos factores que se han formado en siglos y que en siglos se transforman también.

Si es que algún día empezamos a transformarlos, ¿porque todavía estamos en la parte pasiva, Josefina Vázquez? ¿A qué conclusiones podemos llegar?

Diría que tendríamos que empezar, como siempre, con la educación; creo que ahí la escuela juega un papel importante, pero difícil...

Y los medios.

Exactamente, los medios pueden hacer más que la escuela...

El gran ministerio de educación son los medios en la práctica.

Creo que sí, que en nuestros días están teniendo más influencia: en primer lugar, porque están más al frente. Pero también, de todas maneras, habría que reinterpretar la historia, que sigue siendo oficial. Hemos estado viviendo de mentiras que también hacen daño. Creo que la historia no es tan mala como la piensan los que se empeñan en mitificarla. Cambiarla sería un buen principio, y, desde luego, llamar la atención sobre todos los niveles de la corrupción. Los empresarios

123

también son corruptos, y hay que decirlo; no sólo los funcionarios. Es decir, darnos cuenta de la amplitud del problema, porque eso es lo más doloroso, el que se extienda a todos los niveles en México.

Como dice Ernesto Lammoglia: hay que voltear nuestro dedo hacia nosotros y señalarnos.

¿QUÉ TIPO DE SOCIEDAD SOMOS?

Colaboran: Horacio Labastida, Jean Meyer
y Rolando Cordera

Según una encuesta reciente en la ciudad de México entre una muestra de trescientas personas adultas pertenecientes a los niveles socioeconómicos alto, medio y popular, las opiniones acerca de nuestro modelo de sociedad sugerían que, en principio, se observa que los mexicanos nos sentimos sumamente satisfechos, tanto con las relaciones que se generan en el entorno familiar (97%), como con aquéllas que se producen en el marco laboral (86%). En cambio, la mayoría se siente insatisfecha con la organización de la sociedad mexicana (61%), con las formas que asume la convivencia entre sus miembros (55%) y con la interrelación entre los mexicanos (52%).

Dos terceras partes de los encuestados (65%) piensan que los mexicanos nos hemos hecho merecedores de lo que tenemos; y que son familia (65%) y nuestra cultura y tradiciones (51%) los baluartes de nuestro acervo.

Por el contrario, nuestras principales debilidades se localizan en los crecientes índices de alcoholismo, drogadicción y delincuencia (96%), así como en las deficiencias que presentan los sistemas de seguridad ciudadana (90%), trabajo y previsión social (89%), impartición de justicia (88%), estructura económica (88%), democracia (81%) y salud pública (74%).

En relación con esto, son la estructura familiar (38%) y la cultura y tradiciones (33%) las áreas de organización colectiva en las que se asume superior a la sociedad mexicana respecto de otros países.

Frente a la necesidad de implementar acciones para acceder a una mejor sociedad, los encuestados hacen énfasis en ampliar la democracia (62%), mejorar el sistema electoral (38%) y disponer de un mejor gobierno (31%).

A juicio de quienes contestaron, la influencia extranjera está presente en múltiples ámbitos de nuestra sociedad; entre ellos, música y artes (80%), medios de comunicación (72%), turismo y entretenimiento (68%), hábitos alimenticios (65%), alcoholismo y drogadicción (65%) y economía (64%).

La mayoría de las personas (53%) coincide en señalar que la sociedad en que crecieron nuestros padres es mejor que la actual. Asimismo, 57% tiene una perspectiva pesimista en cuanto a que la sociedad de nuestros hijos será aún peor. Es quizá por ello que más de cuatro de cada diez personas no ven con malos ojos la posibilidad de vivir en otro país (véase Anexo 6).

¿Cómo definen a la sociedad mexicana, Rolando Cordera, tu percepción en cuanto a tu experiencia como mexicano, como estudioso del país y los resultados de la encuesta?

Como una sociedad que vive un momento particularmente agudo y hasta traumático, en el que predominan de manera muy abrumadora las expectativas pesimistas, sin que tenga ninguna referencia clara, cercana, a la cual acudir para cambiar estas expectativas. Desde una perspectiva optimista, esperaría que esto cambie con el tiempo y que estos resultados tan graves, respecto a percepciones de lo que está pasando, sean producto de una coyuntura, que es quizá, por lo menos desde el punto de vista económico y político, la más grave que ha vivido México en los últimos cuarenta o cincuenta años. Lo que sería sorprendente es encontrar otros resultados, si asumimos ésta como una coyuntura realmente grave.

Cuando una sociedad o una persona están atravesando por algún tipo de situación dramática les es difícil ver lo que está sucediendo;

126

Jean Meyer, ¿de acuerdo con estos resultados y la propia experiencia, los mexicanos nos estamos viendo como somos y lo que nos ha estado pasando?

El sondeo es en la ciudad de México, no está la provincia; aunque posiblemente la provincia reaccionaría de la misma manera, no estoy seguro. El otro día alguien mencionó que en el Distrito Federal estamos viviendo un ambiente apocalíptico, mientras que en la provincia —en este caso era la frontera norte— había un repunte muy grande del optimismo, y hablaba de una situación económica muy diferente: después de haber sufrido también una crisis económica tremenda, en ese momento estaban volviendo a trabajar, si no en un cien por ciento, con mucho ímpetu, con auge. Las cifras de descontento, por un lado, y de autosatisfacción por el otro, no me parecen muy diferentes a las de una encuesta que vi hace poco sobre Francia, donde también hay un contraste entre que la gente está contenta con las relaciones de corto alcance; es decir, la familia y el lugar de trabajo. Aquí vemos que 97% está contento con el entorno familiar y 86% con el marco laboral, y la gente se queja de la sociedad global; es decir, que el nido está muy bien, pero la sociedad global no. Creo que más que un fenómeno exclusivamente mexicano, se trata de un fenómeno de fin de siglo o de milenio en la sociedad moderna, en la sociedad urbana.

¿Habría un paralelismo entre Francia y México? ¿Podría ocurrir entre otras sociedades?

Creo que sí.

Momentos como éstos son también para repasar qué clase de sociedad somos, si es que queremos remontar algunos de los problemas que nos llevaron a esto. ¿Los mexicanos estamos haciendo un repaso profundo de ese tipo de circunstancias o estamos tomándolo de manera superficial?

Es difícil contestar; creo que la gente ha sido abrumada por las circunstancias. Realmente desde 1968 México ha ido de crisis en crisis, sea política, económica, social o financiera. Hemos tenido una experiencia traumática en ese sentido, porque cuando pensamos que

127

ya resolvimos esos problemas, volvimos a toparnos con una prueba tremenda, como si un dios malicioso o maligno se pasara el tiempo intentando probar nuestra resistencia. Y yo sí debo decir que me admira la resistencia del cuerpo social de México.

¿Pensaría, Horacio Labastida, que como sociedad teníamos los elementos para resistir lo que estamos resistiendo?

Primero, una aclaración: me inclino a creer poco en las encuestas, porque pienso que ellas reproducen simple y sencillamente una conciencia falsa que se forma en la gente a través de la propaganda, de la intensa propaganda, que aunque somos un país no avanzado, tiene el mismo tono y la misma fuerza de la propaganda de los países avanzados en lo que se refiere al consumo y a la sociedad de consumo que somos hoy en el mundo. Hecha esta advertencia, creo que lo que está pasando en nuestro tiempo en México, y quizá también en Francia y en otras partes del mundo, es que hay una crisis de lo que podríamos llamar la verdad y la falsedad. Creo que en el caso mexicano estamos descubriendo, a través de las crisis económica, social y política, la gran mentira que hemos vivido no en los tiempos recientes, sino prácticamente durante toda nuestra época de país independiente; es decir, casi dos siglos. Hay que recordar que somos un pueblo muy joven, ni siquiera somos bicentenarios. Comenzamos a inventar realmente nuestras visiones políticas en 1813, cuando se reúne el Congreso de Chilpancingo y el señor Morelos expone sus doctrinas políticas a través de los Sentimientos de la Nación. De ese entonces al presente, hemos sufrido una gran serie de crisis, quizá porque nos ha puesto a prueba el demonio a que se refirió Jean Meyer —no sé, pero quizá el demonio a veces es mucho más físico que metafísico. Pienso que comenzamos a vivir una gran mentira. Por ejemplo, nuestra primera gran constitución, a la que se hace referencia así, elegantemente, en los círculos académicos y no académicos, la constitución federalista de 1824, es un texto magnífico —de su época naturalmente—, en donde están incorporados todos los avances mundiales de principios de siglo, pero ¿qué pasó en la realidad? El señor Santa Anna tomó la constitución del 24 y gobernó como le dio su regalada gana; al servicio de intereses muy poderosos de la época, de las élites económicas de la época y luego al servicio de los Estados Unidos. El señor Santa Anna nos traicionó dos veces: primero en la guerra de Texas y después en la guerra con los norteamericanos, en el 47. Gracias a él perdimos grandes porciones de nuestras riquezas originales. La constitución del 24 era una gran mentira. Además, el señor Santa Anna se dio el lujo de suplir la constitución del 24 por otras dos, que fueron centralistas —es un decenio centralista de 1836 a 1846— y gobernó como le dio la gana, inclusive tratándose de sus propias constituciones. Nadie las acató, salvo quizá Carlos María Bustamante, que tal vez fue el único que tenía fe en la constitución del 36, porque la defendió cuando la mandaron al demonio. Después vino la constitución, otra vez federalista, del 47, que tampoco nadie acató. Después vino la del 57, y sus Leyes de Reforma en el 59, que nadie acató. Después vino la del 17 que hemos violado consistentemente. Hemos vivido una gran mentira, pero lo hemos hecho sin darnos cuenta de haberla vivido, salvo algunas mentes brillantes; por ejemplo, Lorenzo de Zavala, quien así lo señaló desde el principio de nuestra vida independiente.

¿Somos un pueblo mitómano?

Un poco mitómano, porque nos ayudan a vivir nuestros mitos; pero el gran mito es que, por ejemplo, se dice que somos demócratas; que hemos luchado por la justicia social; que nos preocupa la justicia social; que somos soberanos en términos absolutos. Todas esas afirmaciones en la realidad se transforman en mentiras políticas; pero, durante un largo tiempo, en esta infancia mexicana, nos creímos las mentiras. En realidad somos demócratas, somos justos, somos soberanos y hoy, a partir de las crisis de hace dos decenios, comenzamos a descubrir que vivimos una mentira y estamos exigiendo vivir la verdad. Queremos una democracia no de mentira sino de verdad; una justicia social no de mentira sino de verdad; una soberanía no de mentira sino de verdad. Ese descubrimiento de la verdad, ese anhelo de verdad —porque es sólo anhelo todavía— frente a la mentira, es lo que ha originado nuestra profunda crisis.

Rolando Cordera, ¿la sociedad mexicana de veras quiere la verdad, o de alguna manera estamos buscando una "verdad" que rodea otra gran mentira, para no reconocer la verdad de fondo?

Creo que se puede decir que después de estos años de duro aprendizaje sí se está utilizando lo que a lo largo de las mentiras —para utilizar la metáfora de Horacio Labastida— se fue de todas maneras acumulando, porque no todo es de mentira: el país creció, el país se expandió; se crearon instituciones, algunas buenas y otras malas; la gente se educó —bien y mal—; nos hemos abierto al mundo, y todo eso para mí ha formado una especie de acumulación que ahora sirve para enfrentar la realidad de otra manera. Yo no podría decir que se busca la verdad —término del cual desconfío bastante, ya que creo que hay muchas verdades—, pero considero que hay un esfuerzo cada vez mayor en México por enfrentar la realidad tal y como ha sido; nuestra historia y la realidad tal y como son. Ya no hay este regocijo instantáneo en las grandes promesas y en las grandes posibilidades. Creo que en estos años se ha ido sedimentando otro tipo de sentimiento y de reacción, que es: esperemos un momento; no demos saltos; fugas hacia adelante ya no; mejor no nos sentemos a esperar; sería absurdo, ya que nadie se puede sentar en la vida moderna.

¿Caminemos más despacio?

Pero caminemos, como dicen, sin prisas pero sin pausas. Y creo que éste es el proceso que se está constituyendo hoy en México. En las élites, al menos en parte de ellas, porque hay algunos que creen que todavía se puede importar la democracia o la modernidad e instalarlas y adecuarnos todos —yo creo que es una ilusión—; decía que en las élites y en sectores medios y en sectores trabajadores, cada vez hay más esta búsqueda de la realidad para vivir en ella. Sin embargo, de las estadísticas, en lo que coincido con Jean Meyer de que provienen nada más de esta zona eruptiva de la nación que es la ciudad de México, hay algo que me llama la atención y que querría destacar: cuatro de cada diez estarían dispuestos a irse. Eso se llama "la salida".

La gente prefiere salir que quedarse. Agregaría dos problemas para contradecir un poco lo que he dicho: la gente también tiende a callarse, prefiere callarse en vez de hablar. Ahora hablamos mucho, pero en buena medida gritamos, y cada quien grita y no hay una deliberación. Entonces no estamos conversando, y cuando se dice que hay que hablar positivamente se dice que hay que conversar, y nuestra conversación todavía está muy en pañales. Por otro lado, hay una tendencia a desconfiar más que a generar lealtades y vínculos productivos que vayan más allá de la casa, de lo más inmediato. Ésos son los grandes problemas que tenemos para recuperar este afán de realidad y de verdad, en los términos que ha dicho Horacio Labastida.

Jean Meyer, para una sociedad con las características que se comentan y que está en un proceso de transición, ¿qué elementos son los puntos fuertes de los cuales debe asirse, en ese gran salto, y de qué deberíamos tener cuidado?

Horacio Labastida empezó diciendo que México es una nación muy joven. Efectivamente, México todavía no cumple doscientos años, y como dicen los encuestados, dos terceras partes piensan que los mexicanos nos hemos hecho merecedores de lo que tenemos. Yo diría, de una manera más vulgar, coloquial, que México ha pagado ya por lo que tiene. México es una nación joven y relativamente más unida, más integrada de lo que pensamos, porque estamos adentro, estamos en México, pero quien venga de fuera podría atreverse a decir que en cierta medida México, por ejemplo, está más integrado que Estados Unidos y que Canadá, pero no quiero entrar a ponerme a definir qué es ser mexicano. Posiblemente no lo podemos definir, pero todos entendemos de qué se trata. Entonces, ser mexicano hoy día tiene sentido cuando en Europa muchas veces la gente se encuentra jaloneada entre Europa hacia arriba y hacia adelante, y las provincias y las regiones hacia atrás o hacia abajo; no obstante que en México todavía hay personalidad regionalista que hace que un jalisciense esté orgulloso de serlo, México es primero, y eso es muy positivo. No estoy hablando de un nacionalismo trasnochado o antiextranjerizante.

131

¿No tenemos rasgos de eso?

Sí, pero no es lo característico. México tiene en este momento un equilibrio muy frágil, que puede durar una generación o dos; no es una cosa adquirida para siempre. En este momento el nacionalismo mexicano es un factor positivo, integrador. ¿Y qué tenemos que evitar? Le tengo mucho miedo a cierto indigenismo, y por eso decía que México ha pagado ya, y ha pagado caro, en el siglo pasado. Si hoy día hay una tendencia irresponsable, idealista, romántica, la puedo entender, la puedo excusar, pero no la puedo aceptar porque sería demagógico de mi parte. La exaltación de la aldea feliz, volver a la utopía del buen salvaje o la de los franciscanos del siglo XVI, que los indios eran una nación de ángeles frente a los malvados, que eran los europeos o los mestizos o los africanos, y que los indios eran angélicum, como decían los franciscanos, hace que se corra un peligro muy grave con esas discusiones sobre un autogobierno indígena o la misma reforma constitucional del artículo 4o. Una vez me tocó acompañar a un presidente de la república a una visita a Nayarit, y en el viaje de regreso en el helicóptero, a quemarropa, me dice: el dirigente de la comunidad cora en Mesa del Nayar o Jesús María —no recuerdo— me acaba de pedir la expulsión de todos los que no son coras del territorio cora. ¿Qué opinas? Le dije: señor presidente, no es posible. Usted va a tener que pedir una visa o un pasaporte para cruzar esa parte del territorio nacional. Parece que estamos bromeando, pero creo que puede ser un problema muy serio y que estamos jugando a aprendiz de brujo. Una cosa es el respeto a la diversidad, a la pluralidad y a las culturas; pero cuando vemos, por ejemplo, en la sierra de Nayarit que empieza el mismo problema que en San Juan Chamula, de que las autoridades dizque tradicionales están expulsando a los huicholes católicos modernos o evangélicos, porque dicen que rompen la costumbre. Creo que en nombre del respeto a la dizque tradición, dizque cultura huichol, estamos cometiendo un atentado contra el concepto de México como comunidad de todos los mexicanos.

Dijo Jean Meyer que esta cohesión puede durar una generación o dos. Se habla muchas veces, Horacio Labastida, de que el mexicano es resistente. Al paso de todas estas crisis, desde 68 —para no irme más atrás— hasta la fecha, hemos resistido cosas que según los analistas no íbamos a resistir. Desde ese punto de vista parece que hay una fortaleza, un valor, ¿cómo lo debemos manejar para buscar esa nueva sociedad, si se puede usar ese término?

Hemos resistido toda clase de mareas, toda clase de tormentas, y desde 1810 hasta el día de hoy aquí estamos. Hemos pasado muy graves crisis. Esta última es una de las más graves. Estoy de acuerdo con Rolando Cordera en que es quizá de las más graves crisis esta última, pero es una de las muchas crisis que nos han azotado. ¿Qué es lo que nos ha mantenido con coraje, con fuerza, frente a esas crisis? ¿Cómo es que las hemos vencido? Vuelvo al tema que trató Jean Meyer: el ser mexicanos. El ser mexicanos es algo que se origina desde el Grito de Dolores, aunque más bien el Grito de Dolores objetiva esa calidad, esa condición, ese valor de ser mexicanos. No se origina, lo objetiva, lo hace expreso. ¿Qué quiere decir ser mexicano? Ha habido muchos estudios sobre esto. La generación del Hiperión, por ejemplo, en la universidad, se dedicó a averiguar lo que los mexicanos somos. No es fácil definirnos, pero sí ser mexicano significa algo en lo que todos coincidimos: tener una originalidad cultural. Ser mexicano es ser un valor cultural, no racial, desde luego. Se formó nuestro ser mexicano con los valores indígenas de la gran tradición, con los valores hispanos y muchos otros más que nos vinieron con la Conquista —eso es indudable—, y ese ser mexicano es el que dio el Grito de Dolores, y ese mexicano es el que ha resistido, ese ser mexicano, ese querer ser mexicano. Tenemos la voluntad de ser mexicanos, de ser distintos de lo indígena, sin negarlo; de ser distintos de lo hispano, sin negarlo. A nadie se le ocurriría hoy decir que es maya en México, si se lo preguntamos a un miembro de la sociedad del Distrito Federal, ni decir tampoco que es de Extremadura. ¿Tú qué eres? Yo soy simplemente mexicano, no soy español, no soy indio, no soy árabe, no soy esto, no soy lo otro: soy mexicano. Ésa es nuestra fuerza, y esa

133

fuerza es, sí, una fuerza integradora, poderosamente integradora. Creo que ese ser mexicano es lo que debemos conservar a toda costa, con todos los esfuerzos que podamos usar. Para conservarlo debemos poner estos esfuerzos al servicio de nuestro ser mexicano. Ahora, ¿qué quiere decir ser mexicano? Tener una cultura. No queremos perder nuestra identidad cultural ni nuestros valores culturales, los que hemos creado en casi doscientos años de existencia histórica. Eso es ser mexicano. Ser un nacional mexicano quiere decir sentirse parte de la cultura mexicana. Ésa es nuestra fuerza, nuestra capacidad de resistencia, y eso es por lo que estamos luchando ahora. Ser mexicano también es querer vivir en la realidad, en la verdad; claro, no hay ninguna verdad absoluta, las verdades absolutas no existen, fueron cosa del pasado, pero en nuestra verdad de hoy queremos vivir en la realidad; no queremos vivir una democracia mentirosa ni una justicia social falsa ni una soberanía mendaz. Queremos ejercer nuestros derechos, los que derivan de nuestra cultura, de una manera real y plena. Ése es el camino que deberíamos seguir para reinstalarnos en el origen de lo que algún gran pensador, Ricardo Flores Magón, llamó "la regeneración de México" —así se tituló su libro—, como la condición, la categoría básica del principio de una liberación del ser mexicano.

La famosa globalización, es decir, que esta cultura mexicana no se puede aislar de lo que está sucediendo en este planeta, ¿cómo enfrentarla, Rolando Cordera? ¿Cómo seguimos siendo lo que somos, desechamos algo que no nos sirva y adaptamos y adoptamos algo que sí funcione?

Lo que somos y hemos sido siempre ha sido producto de una gran interrelación con el mundo; eso creo que no deberíamos olvidarlo, pensando en lo que dijo Jean Meyer: este reavivamiento de un romanticismo indigenista, particularista. Nosotros hemos formado nuestra cultura, que en efecto es el punto de apoyo de la identidad y de la fortaleza nacional, en contacto con el mundo, con una sociedad realmente muy abierta en ese sentido, y creo que ahora, frente a una nueva realidad mundial, lo que tenemos que hacer es no rechazarla ni pensar en encerrarnos, sino establecer una vinculación creativa y productiva con el mundo. Hoy no existe esa vinculación creativa. El grueso de la vinculación con el mundo está dada, sin menoscabo de la tradición cultural y demás, en sus grandes números, por una gran migración al exterior, que se da como producto de una gran desigualdad y ahora de un gran desempleo, una gran deuda y una gran dependencia de capital especulativo; y una tendencia casi suicida, yo diría, no para el país, pero sí para quien lo hace, a la fuga de capitales, porque si aceptamos la globalidad, la fuga de capitales se vuelve un procedimiento bastante autolimitativo en plazos muy cortos. Entonces, hay que revertir esta vinculación con el exterior para volverla creativa.

¿Los signos negativos debemos hacerlos positivos?

Y eso depende, en buena medida, del esfuerzo que se haga aquí, no de lo que se haga afuera. Creo que tenemos que ir a una gran redefinición o reafirmación de los derechos que nos unen; es decir, tenemos que ponernos de acuerdo en qué derechos fundamentales son los que le dan sentido real, cotidiano, a esto de ser mexicanos; derechos individuales, derechos sociales y colectivos. Y rápidamente diría: creo que no vamos a crear una vinculación productiva y creativa con el exterior si no nos instalamos pronto en lo que llamaría una sociedad educativa; es decir, una sociedad que eduque a sus miembros, y que esté preparada para educarse permanentemente. Eso no lo tenemos. Tenemos una sociedad con un sistema educativo muy afectado por muchos avatares; desde la educación superior hoy atacada por uno ya no sabe ni por qué y una educación básica vilipendiada, descuidada permanentemente a pesar del discurso. Debemos ir más allá y tener una sociedad educativa, que se esté educando permanentemente. Tenemos que crear una sociedad relativamente segura, y eso solamente lo lograremos, me parece, con un compromiso real con la equidad, que empiece en nuestro país con el combate a la pobreza extrema de millones, y por otro lado, con una sociedad que asuma que necesita crecer y desarrollarse nada más por el peso demográfico que tenemos. Es decir, no es una sociedad que pueda resignarse a no crecer. A todo esto yo le llamaría, más que una nueva sociedad, una sociedad habitable. Creo que es el mayor bien público que podemos crear para atraer al exterior, que lo necesitamos, en términos económicos, de inversión extranjera y de comercio, pero también para atraernos a nosotros mismos y quedarnos, no encerrarnos. Tenemos que crear las grandes coordenadas de una sociedad habitable, una sociedad educativa, una sociedad segura, una sociedad equitativa. En esos términos estaría pensando.

Jean Meyer, ¿qué elementos tenemos para llegar a ese tipo de sociedad que se está buscando? ¿Qué conclusiones sacamos a la luz de este tipo de sociedad?

Tenemos un elemento muy positivo, que muchas veces no ponderamos o vemos como negativo, y es el número. La revolución demográfica en México, en su primera etapa, fue crecimiento. Después del desastre demográfico de la Conquista, que provocó una baja de 80% de la población autóctona, México tardó prácticamente tres siglos en volver a ese nivel inicial. Es el gran problema de México, por el que no puede resistir a la presión de Estados Unidos y a la de Europa. México tiene un espacio inmenso con demasiados pocos hombres y con ciudades como islitas separadas. Por eso perdió los territorios del norte. La unión nacional, en realidad, se hace por el fuego y por el hierro a la hora de la Revolución mexicana; pero diría que se hace a partir de 1940, cuando nos llenamos de hombres. No estoy haciendo la apología del crecimiento demográfico. Ya entramos a la segunda etapa de la revolución demográfica, que es el control de la natalidad, y estoy seguro de que hay una partida puesta en eso, que aunque no es algo científico, a los científicos nos dicen que la transición demográfica se está haciendo, se está terminando, y México se va a estabilizar en alrededor de 120 o 125 millones de habitantes, lo que en su momento le permitirá ocupar todo su territorio y, por primera vez en su historia, en lugar de despilfarrar recursos naturales que creíamos ilimitados, va a tener que crecer verticalmente, ya sin despilfarrar el espacio y los recursos naturales, sino ponerse a trabajar en serio sobre la pauta que en cierto momento darán China o Europa, no Estados Unidos, que ha sido una sociedad despilfarradora del espacio y de los recursos naturales. Entonces, el número no es una tragedia para nosotros. Hay desequilibrios momentáneos. Ciertamente, en algunos sectores rurales pobres, el hecho de que la mujer siga teniendo ocho hijos, es un problema, pero ésos son ya problemas locales. Globalmente, nuestra sociedad puede con su capital humano. Ahora, para aprovecharlo ahí está lo que dijo Rolando Cordera, la necesidad de una revolución educativa, no solamente pensando en la escuela. Los medios de comunicación masiva están haciendo una labor muy importante. La nación mexicana quiere conocer la verdad, la verdad —con "v" minúscula para no entrar en metafísica—; creo que la gente hoy en día lo exige. A mí me llama mucho la atención la audiencia que tiene el radio, mucho más que la prensa —ni hablemos de la prensa que está en una situación muy difícil— y mucho más que la televisión, lo que puede ser sorprendente porque la imagen capta más. Viajo mucho en taxis y en camiones y noto la audiencia de programas educativos, serios, no de diversión, de música, y veo que la gente está pidiendo algo. Entonces, para concluir, creo que podemos trabajar en ese programa que presentó Rolando Cordera con bastante detalle, que yo calificaría de Estado de derecho. La sociedad abierta, la sociedad civil es una sociedad desarmada. El recurso de la violencia está descartado. Con un mínimo de "welfare state" —sé que no está de moda—, con un mínimo de estado benefactor, que asegure la justicia, que es la función primera que pide la población. El sondeo en ese sentido es interesante. Lo que pide la gente es ampliar la democracia, la justicia y la seguridad. Dice que nuestro sistema de trabajo, nuestro sistema económico, nuestro sistema social funciona mal, pero la gente no le pide al Estado nada de eso. Como que la sociedad civil podría tomar sus responsabilidades y compartir con el Estado toda la carga docente, de beneficencia, de salubridad, para que el Estado pueda concentrarse en la impartición de justicia, que es la fuente de legitimidad histórica y de seguridad.

137

¿Cómo somos los mexicanos?

Colaboran: Marta Lamas, Héctor Aguilar Camín
y Fernando Escalante

Marta Lamas, ¿qué posibilidades tenemos de remontar todos los tipos de circunstancias que se han analizado en los siete apartados anteriores para proponer una especie de plataforma desde la cual pueda despegar nuestro país?

Las posibilidades las desconozco. En todo caso, yo hablaría más de los requisitos para poder remontarlas. Uno de ellos, hilo conductor de la mayoría de los temas tratados, es el reconocimiento de las diferencias, que somos un país con gente muy diferente y que eso implica empezar a construir una cultura democrática de verdadero respeto a las diferencias, de reconocimiento del pluralismo; respeto a las diferencias de todo tipo, desde la básica sexual —hombres y mujeres—, que tenemos que empezar a ver cómo se traduce en muchísimas políticas sociales, planes de gobierno, prácticas y actitudes en donde no está hecha esa distinción; también diferencias como las que estuvimos analizando: raciales, económicas, educativas, religiosas, ideológicas; el reconocimiento de las diferencias y el poder, para llevarlo a un nivel de debate público. Aprender a discutir entre nosotros, a tener confrontaciones de posiciones, con argumentos, me parecería uno de los requisitos para poder remontar circunstancias como las que estuvimos revisando.

¿Ver las ventajas de las diferencias?

Hay un enriquecimiento en reconocer que las personas no somos todas iguales, ni pensamos lo mismo ni queremos lo mismo, aunque eso también genere conflictos; no creo que podamos evitar los conflictos, el conflicto social es constitutivo de las sociedades y el conflicto individual o personal de los seres humanos. Creo, más bien, que hay maneras más productivas de manejar los conflictos, y sí creo que no ayuda solapar los conflictos, como en el caso del racismo en donde se ha construido todo un discurso indigenista que supuestamente alaba la realidad indígena, pero en la práctica muestra la brutalidad del racismo. Es bueno empezar a ponerle el nombre a las cosas, a llamar al pan, pan, al racismo, racismo, al sexismo, sexismo y a encontrar medidas para manejar mejor esos problemas. Me parece que el debate público sí es un asunto que se da poco en nuestro país y que es importante requisito para esta construcción, que considero necesaria, del reconocimiento de las diferencias, que implica también construcción de una cultura democrática.

Sobre las diferencias, Héctor Aguilar Camín, ¿cómo manejarlas hacia el futuro?

Coincido con Marta Lamas en que necesitamos una nueva red de instituciones democráticas, que permita que se manifiesten las diferencias del país, y que éstas al manifestarse, en lugar de rasgar y de dividir, unan, en el sentido de enriquecer, el ágora pública. Pero en ese aspecto, como en el ámbito de la economía, me parece que estamos frente a un reto difícil, y que necesitamos conservar las grandes cosas que nuestro país ha hecho; este sentido de unidad, por ejemplo, de pertenencia nacional. México es una nación exitosamente fundada, hecho que no es frecuente, como vemos todavía a fines del siglo XX cuando se desmoronan imperios y países. México ha sido también una economía exitosa en distintos momentos. La historia de la eficacia económica de México y de su participación en el mercado mundial es una historia larga e intensa. Entonces, me parece que el gran desafío de México es conservar su capacidad como nación, pero en una modernidad democrática, y como participante en la economía mundial, pero con una modernización de sus procesos económicos y de sus capacidades tecnológicas. En esta dialéctica de lo que tenemos que conservar y de lo que tenemos que innovar, me parece que está trenzada toda la discusión tan viva que vive hoy nuestro país. De cara al futuro, lo que tenemos que hacer es recoger las fortalezas de nuestro pasado y, con base en ellas —no repitiéndolas sino innovándolas—, tratar de ponernos a la altura de la modernidad mundial, porque no me parece que haya realmente ningún camino interesante para México en repetir sus atrasos y tradiciones. Me parece que esas tradiciones deben renovarse y reinventarse frente a las exigencias del mundo. El mundo es hoy muy chico. Nadie puede sustraerse a los procesos mundiales, y creo que con toda nuestra historia a cuestas, tenemos que ser capaces de mirar este presente y construir una nación unitaria, rica y capaz de hacerse cargo de sí misma.

Sobre este punto específico de la modernidad, ¿cómo manejarla a futuro? ¿Cómo desmenuzar más ese término?

Necesitamos, en términos políticos, una modernidad democrática: elecciones libres, división de poderes, una política local, autonomía de municipios y de estados frente a la federación pero también necesitamos un gobierno fuerte, una federación capaz de cohesionar los intereses de todos y unos poderes capaces de gobernar a su sociedad. No podemos, en aras del paradigma democrático, fragmentar nuestros intereses y desgobernarlos en lugar de fortalecer nuestra capacidad de gobierno.

¿Parecería que ése es el riesgo?

Una pregunta que me hago con frecuencia es si estas turbulencias que vemos, estos excesos que aparecen en la opinión pública y estas impunidades tan difíciles de castigar en un verdadero sistema de derecho y en un verdadero respeto a la ley, son los frutos necesarios de la democratización o son los indicios de la fragmentación. Creo que es una duda legítima con la que tenemos que vivir.

¿Todavía la tienes?

La sigo teniendo. Fui de los que creí y aposté a la idea de que este

141

tránsito democrático de México podía darse sin una ruptura mayor, sin un rasgamiento mayor, de alguna manera, a través de una renovación institucional —aun cuando difícil— de las bases de sustentación del régimen político. Y hay que admitir que, a partir de 1994, se verificó un rasgamiento muy severo de la institucionalidad y de la normalidad política del país. De manera que me parece que el hecho de que el bien perseguido sea deseable no quiere decir necesariamente que lo vayamos a alcanzar.

¿Lo que estamos viendo es el pago del precio por la democracia o es la desintegración de alguna manera? Fernando Escalante, ¿qué se puede decir de esto?

Estoy absolutamente de acuerdo con Héctor Aguilar Camín en que eso —lo que sea— que se llama la modernidad, es lo único aceptable para un futuro en este país. Las ideas, todas, de igualdad de derechos, de igualdad jurídica, de libertades —todas las libertades—, de prosperidad económica, todo este tipo de ideas y de convicciones son las únicas aceptables para nosotros hoy, de modo que el único futuro aceptable para este país es un futuro moderno. El problema es cómo conseguirlo, y creo que el punto fundamental de la modernidad que todavía no conseguimos asumir es el Estado de derecho. Ésta es la asignatura pendiente, con todas sus ramificaciones, desde la corrupción hasta la arbitrariedad del poder político o la dificultad para reconocer la igualdad ante la ley. En este sentido, no estoy tan seguro de que el problema sea estrictamente de gobierno, como dice Héctor Aguilar Camín. Creo que hasta ahora —desde los últimos dos siglos, desde que este país es México—, el gobierno ha trabajado en contra del Estado, en particular del Estado de derecho. Este país ha sido gobernado en contra de la ley. Ha podido ser gobernado porque se han violado todas las leyes, una tras otra. Es decir, hay una tensión en este país entre gobierno y Estado de derecho. Es posible que en contra del Estado exista el mando, y lo que queremos es, digamos, el mando arbitrario, la arbitrariedad, la del presidente de la república y la de cada ciudadano cuando corrompe a los poderes públicos. Y es posible producir orden y es posible gobernar así, arbitrariamente, a costa del Estado. Es decir, en el futuro sí veo un país muy gobernable, pero nada semejante a lo que pensamos que es un Estado de derecho. El tema importante es el establecimiento del Estado de derecho, y por supuesto, el fortalecimiento de la capacidad de gobierno dentro del Estado de derecho, y no en contra suya.

Interviene Marta Lamas: pero creo que también dentro de un modelo de desarrollo, porque no solamente es el cómo sino también a qué costo. Entonces, aquí entraría el planteamiento de que requerimos un desarrollo sustentable que no polarice ni deje fuera los grandísimos sectores de gente marginada, que si seguimos así, de ninguna manera van a entrar en la modernidad. Es decir, la discusión política sobre el Estado de derecho me parece muy oportuna, pero ¿en dónde vamos a armar eso? Insisto en introducir la pregunta de ¿a qué costo?, y si hay alternativa al modelo de desarrollo.

Haría una pregunta más cínica, Marta Lamas, ¿queremos los mexicanos un Estado de derecho? ¿Un Estado que implique ser derecho?

Obviamente que implica ser derecho. Los derechos implican obligaciones.

¿Y estamos dispuestos?

Creo que hay sectores que están dispuestos, no solamente a nivel de autorreferencia. Yo sí creo que hay sectores de la población que quieren mucho que cambien cosas, y creo que también hay gente que ni siquiera se imagina qué implicaría un Estado de derecho.

¿O creen que éste es el Estado de derecho?

Una de las carencias que también aparece con fuerza es la ausencia de una cultura política real. Yo sí creo que con toda la estabilidad que pueda haber traído tener durante setenta años a un partido único en el gobierno, también ha provocado una serie de falacias, como el entender que se puede vivir y gobernar y participar políticamente de otra manera. Y el paternalismo sí crea ciudadanos dependientes que quieren que de repente todo les caiga regalado. También hay un problema de cultura democrática y política muy fuerte.

143

Interviene Fernando Escalante: creo que sí hay, efectivamente, un momento en el cual la desigualdad y la miseria califican o condicionan la posibilidad del Estado de derecho, y esto es, en sus términos más simples, que el Estado de derecho supone que la gente acepte reglas, y aceptar reglas quiere decir aceptar perder cuando uno pierde, en lo económico, en lo político, en los pleitos judiciales o en cualquier cosa. Los mexicanos estamos acostumbrados a despreciar a los que ganan, a los que ganan un puesto de elección, a los que ganan dinero, a los que ganan lo que sea, porque sospechamos siempre que no se lo merecen, que se lo ganaron turbiamente...

Y luego resulta que es cierto...

...Y la desigualdad lo que hace es mantener permanentemente la conciencia de que aquél que ganó no se lo merecía o no se merecía ganar tanto; o, por lo menos, que éstos que están perdiendo todos los días no se merecían perder tanto. La conciencia de que la regla es injusta es lo que introduce la desigualdad. En esa medida, la desigualdad hace muy difícil que la gente acepte reglas.

Interviene Héctor Aguilar Camín: creo que están planteados aquí los dos problemas centrales de la modernidad y de la modernización para un país como México. Es muy viejo el problema de la diferencia en México entre el país legal y el país real. Creo que uno de los retos de la modernidad es acercar ambas versiones. Si no podemos cumplir las leyes que tenemos, démonos las leyes que podamos cumplir. Eso representaría una revolución jurídica, porque quién sabe qué clase de leyes son las que los mexicanos de verdad podemos cumplir. Habría que buscar ese consenso. El segundo problema es que una vez que existe efectivamente la igualdad de todos ante la ley y, por tanto, el Estado de derecho, esa igualdad de derechos para todos garantiza, entre otras cosas, la libertad de cada quien y, por lo tanto, la diferencia entre cada quien. El Estado de derecho no genera igualdad: genera, probablemente, desigualdad entre los individuos, entre las fortunas, entre los destinos de las personas, y a nadie, en esos derechos fundamentales que garantiza el Estado de derecho, se le garantiza su igual-

144

dad económica. Ninguna sociedad ha construido sobre esos derechos una equidad social. Entonces, el problema de la modernidad sigue siendo tan complejo como ha sido siempre. La igualdad de todos ante la ley, la libertad garantizada para todos, no genera logros para todos, sino necesariamente la prevalencia de unos que hacen más dinero, que adquieren más poder, que tienen más prestigio, que alcanzan más éxito que los otros.

¿Quiere decir que en un Estado de derecho al que le va mejor es al que está mejor preparado o tiene más capacidades?

O el que resultó más capaz para aprovechar las oportunidades. No siempre son oportunidades legítimas; no siempre son oportunidades que dependen de la capacidad de cada quien. Entonces, el siguiente problema de la modernidad es, aparte del Estado de derecho y de la libertad para todos, cómo establecer también una sociedad que sin atentar contra las libertades ofrezca una cierta redistribución social de los bienes, para que sin atentar contra las libertades, que son el sustento mismo de la vida moderna, pueda darse un piso más equitativo, menos desigual.

Interviene Marta Lamas: ése es el gran debate sobre la igualdad de trato, la igualdad formal de un Estado de derecho y la igualdad real de oportunidades que implica una intervención estatal para establecer estas condiciones de mayor equidad o de mayor justicia, utilizando el término de justicia social. Todo eso implica un debate, muy actual, el de la reforma del Estado, sobre el papel de la intervención estatal en términos de políticas sociales muy concretas, que ofrezcan una igualdad de oportunidades que la ley no puede dar, porque la ley lo que tiene que garantizar, como dice Héctor Aguilar Camín, es la igualdad de trato, que es una cuestión formal. Entonces, aquí sí estaríamos replanteando también una discusión ya vieja sobre la intervención del Estado, y la tendencia que hoy vemos en nuestro país es cortar y retirar justamente esa intervención del Estado.

¿Que parecería ser una tendencia internacional, Héctor Aguilar Camín?

145

Parece una tendencia mundial, pero no hay que olvidar que los Estados poco interventores que nosotros imaginamos en los países desarrollados como Alemania o Estados Unidos, la verdad es que intervienen poco después de una regulación muy minuciosa de casi todo.

¿Primero te regulan y luego te dejan solo porque ya estás regulado?

Naturalmente. ¿Cómo se combaten los monopolios en Estados Unidos? Por una serie de mecanismos previamente establecidos que implican una larguísima regulación que está constantemente en revisión para las nuevas situaciones que genera la tecnología final; si uno revisa la no intervención estatal del Departamento de Agricultura estadunidense, va a encontrar una biblioteca entera de regulaciones para el tamaño de los aguacates, o la cantidad de capas que debe tener la cebolla, etcétera. De manera que puede darse un Estado que deje a los particulares trabajar, siempre y cuando esté constituida la red de consensos y de normas sobre las cuales todo el mundo opera.

¿Establecer las reglas del juego?

Justamente; lo que no se puede es hacer una retirada del Estado sin establecer paralelamente las reglas del juego que son como la red institucional compartida para todos. Y en eso me parece que nuestros países tienen una gran desventaja.

Interviene Fernando Escalante: y conviene sólo evitar, creo, una nostalgia que aquí, de manera muy oportunista, se ha venido reviviendo en tiempos recientes, una nostalgia de lo que era el buen Estado benefactor mexicano; este buen Estado benefactor donde los derechos eran precarios, donde no había las libertades, donde la desigualdad era rampante, la desigualdad política también.

Interviene Marta Lamas: era un Estado corporativista; pero es que nunca fue el Estado un factor que estableciera una seguridad social que realmente operara en servicios de salud. El modelo real de "Estado benefactor" nunca operó en México.

Interviene Héctor Aguilar Camín: no hay que descontar tampoco ciertas cosas, porque efectivamente no era un Estado de derecho,

146

era un Estado precario, pese a su presencia abrumadora. Pero esa forma premoderna o predemocrática de gobierno trajo cosas muy buenas a este país, le trajo décadas de estabilidad política y décadas de crecimiento económico, le dio una base educativa extraordinaria.

¿Aunque la calidad no se nota mucho?

Es que el problema de la calidad viene después. De hecho, la calidad está en el hecho mismo de que alguien pueda tener, en lugar de un año de primaria, seis años de primaria. Ahí ya hay una calidad implícita, por la simple cantidad de conocimientos. Luego viene el problema de qué tan buenos son los seis años de primaria comparados con los de los japoneses. Probablemente ahí habría severas deficiencias, pero comparado consigo mismo, este sistema le trajo cosas muy importantes al país; entre ellas, algo que deberíamos recordar, porque me parece uno de los acervos importantes para el futuro: que es un sentido de nación. Creo que los mexicanos tenemos muy claramente un sentido de nación, y no sólo porque nos lo preguntemos tanto, sino porque brota de una manera elemental.

¿Es nación o es patrioterismo? La pregunta va en este sentido: si tú tienes orgullo por tu casa, por tu despacho, si aprecias el coche que te costó tanto comprar, no lo pateas; no destruyes tu casa. ¿Cómo entender esta dualidad?

Trae las dos cosas. El nacionalismo también trae dentro intolerancia, xenofobia, provincianismo, ignorancia del otro, ocultamiento de las propias realidades, etcétera. Pero ese nacionalismo da también un sentido de cohesión, un sentido de pertenencia que es muy importante. Tal como lo vemos en países como Yugoslavia —o lo que era Yugoslavia— o en la misma desaparición del bloque soviético. Yo creo que el hecho de tener un país constituido, con todas estas complicaciones patrioteras y todas esas falsedades que tiene en sí mismo el nacionalismo, representa una gran fuerza histórica. Es fundamental para un país tener un sentido de pertenencia a un territorio, a una cultura, a una historia y a una identidad entre sus conciudadanos.

Habría que llevarlo quizá ahora a otros niveles, Marta Lamas; es

147

decir, que si tenemos esa gran base, que es muy importante, realmente empecemos a querer demostrarlo en acciones diarias.

Y que el nacionalismo realmente pudiera ser el querer a los mexicanos, a nuestros compatriotas, a los olvidados; estar con los ojos abiertos a lo que está pasando en otras partes del país; acabar con este centralismo de que los mexicanos somos los que estamos aquí, los demás quién sabe qué serán y sálvese quien pueda; sin perder de vista el sabernos ubicados en un proceso global, en una internacionalización cada vez mayor de cierto tipo de procesos; o sea, poder, de alguna manera, compaginar ambas cosas. Éste es un planeta en donde estamos con límites y tenemos una responsabilidad ante todos los que lo habitan, y la más cercana, y en donde se necesitaría el compromiso, es con nuestro país, pero también somos latinoamericanos, también tenemos nuestro TLC, y también nos afecta y nos importa lo que pasa en otras partes del mundo. En ese sentido, está el problema demográfico, que es muy serio, y que de alguna manera también implica una ceguera para entender esta responsabilidad global y planetaria. Esto no es solamente decir, ¿yo cuántos hijos voy a tener?, sino ¿por qué a los chinos no les permiten más que uno solo?, y ¿eso de alguna manera me afecta o no me afecta?, ¿me importa o no me importa a mí? Como que sí vamos tendiendo a cierto tipo de cuestiones que van a tener que reglamentarse internacionalmente —no creo que dentro de los próximos años, pero sí a futuro— y hay que empezar a construir una conciencia de esta internacionalización o globalidad para cierto tipo de cuestiones que son mucho más urgentes o más críticas que otras.

¿Se va a reglamentar el crecimiento poblacional al estilo chino? Porque si no lo hacemos en pocos años, ¿quizá no habrá mucho que reglamentar?

O si se vale que a los chinos solamente les permitan tener un hijo, y aquí, aunque supuestamente hay un plan de población, la verdad es que todo mundo puede tener los hijos que quiera.

Pregunta Héctor Aguilar Camín: no sé si entendí mal a Marta Lamas, ¿propone que haya una reglamentación como la china, de que nada más puedes tener un hijo?

No, lo que estoy proponiendo es que se tiene que reglamentar con una perspectiva más amplia, internacional; y que estando en un mismo planeta, que a un país solamente se le permita tener uno y los demás países puedan seguir haciendo lo que se les pegue la gana, a mí me parece que supone un desequilibrio muy grande.

Interviene Héctor Aguilar Camín: quiero decir, en relación con esto, lo siguiente: México es uno de los países en donde una política de planificación familiar basada en la persuasión y no la coerción tuvo un éxito extraordinario para todos los niveles internacionales de este tipo de programas. Entre 1974 y 1982 hubo una reducción efectiva, sustancial, de la tasa de crecimiento demográfico. Si no me acuerdo mal, de casi 3.6% en 1974 a 2.4% en 1982. No hubo en ese descenso demográfico ninguna política coercitiva, ninguna prohibición demográfica. Hubo simplemente persuasión; explicarle a la gente que la familia pequeña vive mejor, que tener hijos no es necesariamente hacer patria y que probablemente tener más hijos es una manera de vivir peor.

Pero ¿nos quedamos cortos? Porque finalmente somos más de los que podemos mantener.

Nos quedamos cortos porque no siguió esa campaña; y desde 1982 hasta este año, en que se anuncia una política de planificación familiar de otro aliento, no ha habido prácticamente una política pública, explícita, de frente a la población, no escondida en los hospitales, sino de frente a la población, diciéndole, explicándole a la población por qué la demografía es un problema nacional y también un problema personal. No hemos tenido, durante quince años, una política demográfica explícita, de diálogo, de persuasión, de convencimiento de la gente.

Interviene Fernando Escalante: creo que es rigurosamente indispensable una política de control natal. Creo también que ninguna campaña es tan eficaz como la elevación de un año en el nivel de escolaridad de las mujeres. Es una política estrictamente de educación aumentar el nivel de escolaridad, con independencia de los contenidos.

149

Reduce los índices de natalidad con mucho más eficacia que las campañas.

Interviene Marta Lamas: y la apertura de guarderías, que además está probado en otros países que también reduce la fecundidad. Aquí hay la idea de que si se ponen más guarderías las mujeres van a tener más hijos. Pero no es cierto: la que está en su casa cuidando a uno, cuida a dos, y la mujer que trabaja quiere tener menos hijos.

Termina Fernando Escalante: me gustaría terminar con el tema del nacionalismo, porque es importante, útil; además, creo fundamental situarlo en otro lugar, sobre todo en el discurso público y en el discurso político; que no esté ya en el centro. El nacionalismo mexicano nos ha conducido a una retórica de tipo historicista donde cualquier proyecto de ley, cualquier reforma o cualquier decisión política ha de justificarse, porque así lo quisieron Zapata, Morelos, Hidalgo, Cuauhtémoc. Y están peleándose y echándose los muertos unos a otros, a ver quién se queda con el cadáver del mártir y quién puede enarbolar la bandera del héroe. Eso hace que sea imposible, o sumamente difícil, un debate racional de las ventajas relativas de un proyecto o de otro. Si consigue alguien decir: es que mi proyecto lo quería Zapata, ya ganó; y si a otro se le dice: es que el tuyo lo quería Victoriano Huerta, ya perdió. Debe verse no quién lo quiso o no en la historia de este país, sino si es bueno o es malo para el país. Hay que sustituir este debate historicista sobre el contenido o la esencia de la patria, por el debate racional sobre las ventajas relativas de las diferentes propuestas. Ése es un debate político moderno, y es el único pertinente para México.

REFERENCIAS DE LOS COLABORADORES

Héctor Aguilar Camín: escritor, Premio Nacional de Periodismo; licenciado en Ciencias y Técnicas de la Información; doctor en Historia.

Aurelio Asiain: escritor, secretario de redacción de la revista *Vuelta*.

Armando Barriguete: psicoanalista, vicepresidente de la Sociedad Internacional de Psiquiatría de la Adolescencia.

Néstor de Buen: abogado, titular del Bufete De Buen; colaborador del programa radiofónico *Monitor*.

Rolando Cordera: economista; profesor de la Facultad de Economía de la UNAM; miembro del consejo editorial de la revista *Nexos*; director de *Nexos TV*.

Germán Dehesa: escritor.

Fernando Escalante: profesor e investigador de El Colegio de México.

Luis Féder: psicoanalista; fundador de la Asociación Psicoanalítica Mexicana; vicepresidente de la Asociación Psicoanalítica Internacional; miembro de número de la Academia de Ciencias Médicas del Instituto Mexicano de Cultura.

María Teresa de la Garza: coordinadora del Programa de Posgrado en Filosofía de la Universidad Iberoamericana.

Moisés González Navarro: profesor e investigador emérito de El Colegio de México; Premio Nacional de Ciencias Sociales, Historia y Filosofía.

Hira de Gortari: director general del Instituto de Investigaciones "Doctor José María Luis Mora".

Horacio Labastida: investigador titular de tiempo completo del Instituto de Investigaciones Jurídicas de la UNAM.

Marta Lamas: antropóloga; directora del Grupo de Información en Reproducción Elegida, A.C. (GIRE).

Andrés Lira: presidente de El Colegio de México.

Jaime Litvak: antropólogo.

Jean Meyer: investigador en la División de Estudios Internacionales del Centro de Investigaciones y Docencia Económicas.

Manuel Olimón Nolasco: sacerdote; director de la Comisión Nacional de Arte Sacro, A.C.

Isabel Reyes: profesora de la Facultad de Psicología de la UNAM; colaboradora en la investigación etnopsicológica del mexicano.

Josefina Zoraida Vázquez: profesora e investigadora de El Colegio de México.

Abelardo Villegas: filósofo; profesor de la UNAM y secretario general de la Unión de Universidades de América Latina.

ANEXOS

Anexo 1

Principales resultados de un estudio de opinión pública
en torno al concepto Identidad mexicana

¿Qué tan orgulloso se siente usted de ser mexicano?

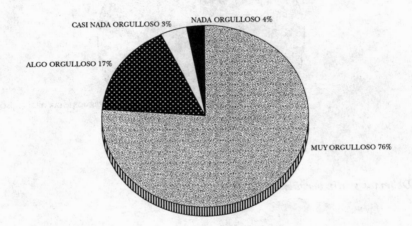

CASI NADA ORGULLOSO 3%

NADA ORGULLOSO 4%

ALGO ORGULLOSO 17%

MUY ORGULLOSO 76%

¿Debemos sentirnos orgullosos de ser mexicanos?

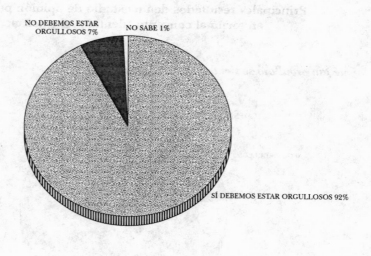

NO DEBEMOS ESTAR ORGULLOSOS 7%

NO SABE 1%

SÍ DEBEMOS ESTAR ORGULLOSOS 92%

¿Debemos sentir vergüenza de ser mexicanos?

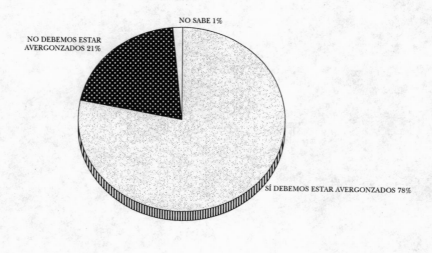

NO SABE 1%

NO DEBEMOS ESTAR AVERGONZADOS 21%

SÍ DEBEMOS ESTAR AVERGONZADOS 78%

Si usted tuviera los recursos y la oportunidad,
¿iría a vivir a otro país para vivir y trabajar?

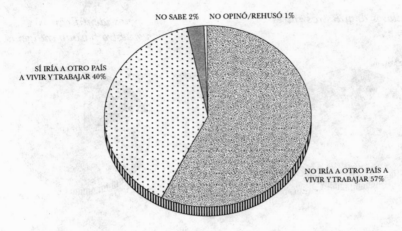

NO SABE 2%   NO OPINÓ/REHUSÓ 1%

SÍ IRÍA A OTRO PAÍS
A VIVIR Y TRABAJAR 40%

NO IRÍA A OTRO PAÍS A
VIVIR Y TRABAJAR 57%

Nuestro país ha experimentado una serie de dificultades de diversa índole,
es decir, económicas, políticas y sociales. En su opinión, ¿estas dificultades
han hecho que aumente el orgullo de ser mexicano o han hecho que disminuya
el orgullo de ser mexicano?

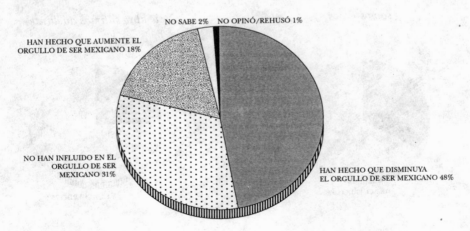

NO SABE 2%   NO OPINÓ/REHUSÓ 1%

HAN HECHO QUE AUMENTE EL
ORGULLO DE SER MEXICANO 18%

NO HAN INFLUIDO EN EL
ORGULLO DE SER
MEXICANO 31%

HAN HECHO QUE DISMINUYA
EL ORGULLO DE SER MEXICANO 48%

157

Su opinión con respecto a...

orgullosos de nuestras raíces

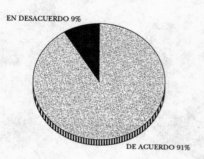

EN DESACUERDO 9%

DE ACUERDO 91%

nos identificamos
con nuestro pasado indígena

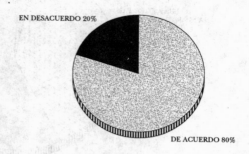

EN DESACUERDO 20%

DE ACUERDO 80%

somos flojos

EN DESACUERDO 34%

DE ACUERDO 66%

siempre salimos adelante

EN DESACUERDO 25%

DE ACUERDO 75%

Su opinión con respecto a...

podemos hacer las cosas tan bien como cualquiera

EN DESACUERDO 8%

DE ACUERDO 92%

nos basta con poco para ser felices

NO SABE 1%

EN DESACUERDO 33%

DE ACUERDO 66%

somos conformistas

NO SABE 1%

EN DESACUERDO 31%

DE ACUERDO 68%

159

Su opinión con respecto a realizar las siguientes acciones
para incrementar nuestro orgullo nacional...

abarcar temas de nuestra historia
en medios de comunicación

EN DESACUERDO 6%

DE ACUERDO 94%

realizar jornadas de los
símbolos patrios

EN DESACUERDO 10%

DE ACUERDO 90%

impulsar tradiciones netamente
mexicanas

EN DESACUERDO 9%

DE ACUERDO 91%

evitar celebraciones extranjeras

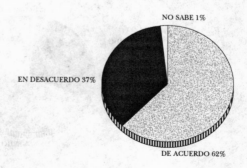

NO SABE 1%

EN DESACUERDO 37%

DE ACUERDO 62%

160

¿Qué propondría para que los mexicanos nos sintamos más orgullosos de ser mexicanos?

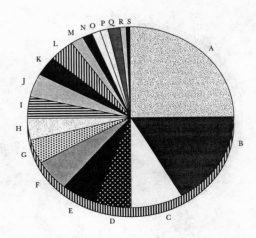

A Trabajar mucho para salir adelante: 32%

B Promover, conservar y estudiar nuestras raíces/historia: 22%

C Superarnos y prepararnos mejor: 10%

D Más fuentes de trabajo: 7%

E Gobiernen con honestidad, honradez y amor al país: 7%

F Mejorar e incrementar la educación en todos los niveles: 7%

G Cambiar nuestro gobierno: 6%

H Tener más responsabilidad: 5%

I Más unión/ayudarnos unos a otros: 5%

J Menos corrupción política y social: 5%

K Luchar por el país: 4%

L Resolver los problemas económicos: 3%

M Dejar de ser tan conformistas: 3%

N Saber elegir nuestro gobierno: 2%

O Ser optimistas/positivos: 2%

P Hacer campañas acerca de la productividad de los mexicanos: 2%

Q Otras razones: 4%

R No sabe: 1%

S Rehusó: 1%

161

¿Podría decirme si tiene usted alguna bandera en su hogar u oficina?

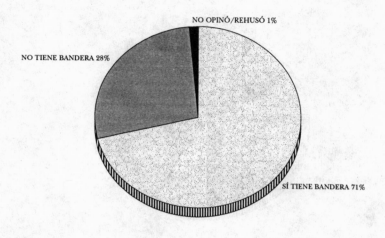

NO OPINÓ/REHUSÓ 1%

NO TIENE BANDERA 28%

SÍ TIENE BANDERA 71%

¿Usted se sabe el coro y una estrofa completa del himno nacional?

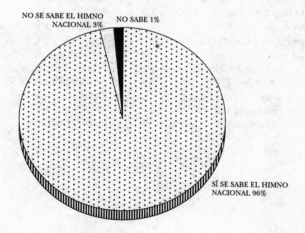

NO SE SABE EL HIMNO NACIONAL 3%

NO SABE 1%

SÍ SE SABE EL HIMNO NACIONAL 96%

162

Anexo 2

Principales resultados de un estudio de opinión pública en torno al concepto Discriminación

¿En México se ofrecen las mismas oportunidades para todos o sólo tienen oportunidad cierto tipo de personas?

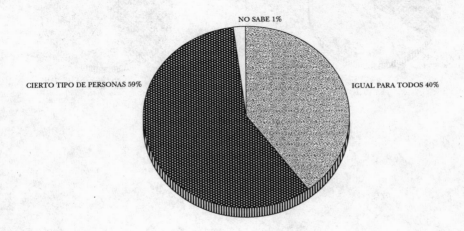

NO SABE 1%

CIERTO TIPO DE PERSONAS 59%

IGUAL PARA TODOS 40%

163

Supongamos que dos personas con la misma experiencia llegan a pedir un empleo, ¿le daría prioridad a... o no habría prioridad?

recomendación

edad

origen

sexo

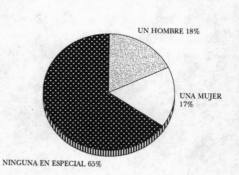

Supongamos que dos personas con la misma experiencia llegan a pedir un empleo, ¿le daría prioridad a... o no habría prioridad?

belleza

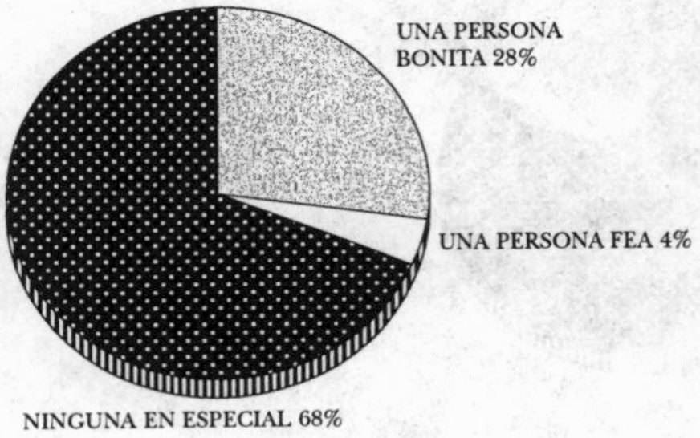

UNA PERSONA
BONITA 28%

UNA PERSONA FEA 4%

NINGUNA EN ESPECIAL 68%

complexión

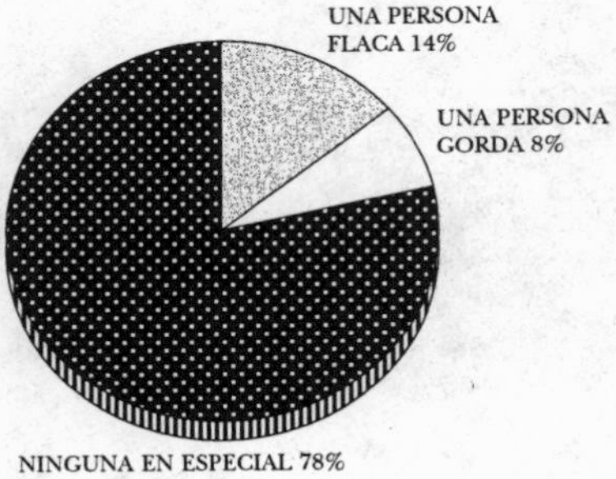

UNA PERSONA
FLACA 14%

UNA PERSONA
GORDA 8%

NINGUNA EN ESPECIAL 78%

color de piel

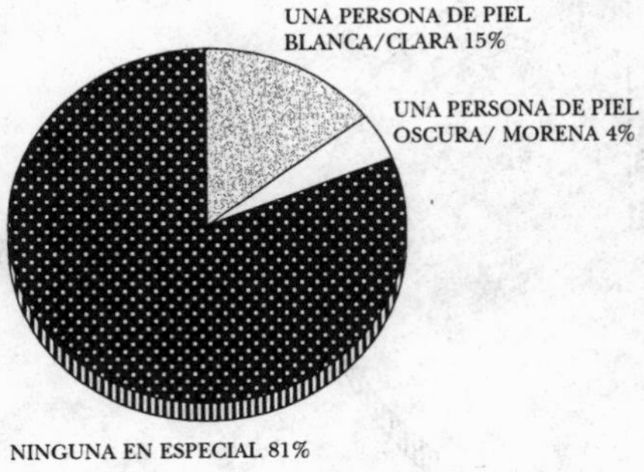

UNA PERSONA DE PIEL
BLANCA/CLARA 15%

UNA PERSONA DE PIEL
OSCURA/ MORENA 4%

NINGUNA EN ESPECIAL 81%

religión

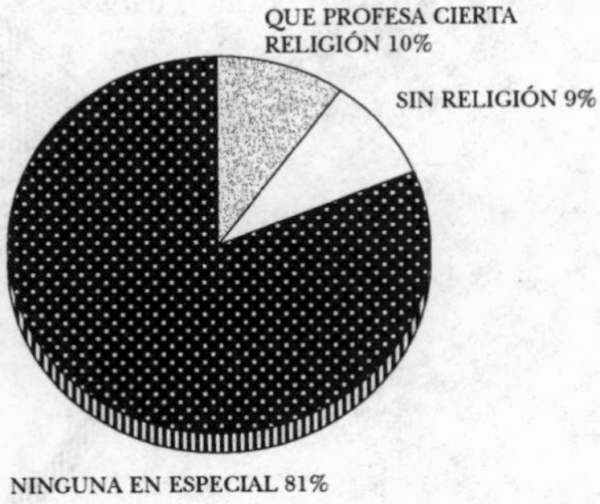

QUE PROFESA CIERTA
RELIGIÓN 10%

SIN RELIGIÓN 9%

NINGUNA EN ESPECIAL 81%

165

Supongamos que dos personas con la misma experiencia llegan a pedir un empleo, ¿le daría prioridad a... o no habría prioridad?

estatura

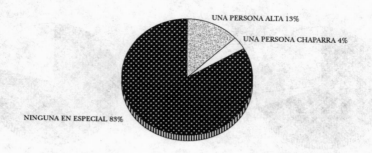

UNA PERSONA ALTA 13%

UNA PERSONA CHAPARRA 4%

NINGUNA EN ESPECIAL 83%

Por lo que usted sabe o ha escuchado,
¿en México existe algún tipo de discriminación?

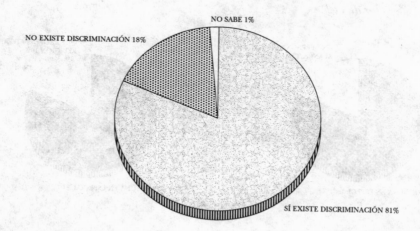

NO SABE 1%

NO EXISTE DISCRIMINACIÓN 18%

SÍ EXISTE DISCRIMINACIÓN 81%

166

¿Alguna persona que usted conozca ha sido víctima de algún tipo de discriminación en nuestro país?

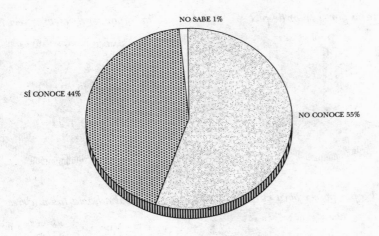

¿Usted ha sido víctima de algún tipo de discriminación?

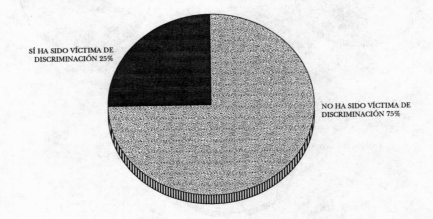

167

¿Diría usted que la discriminación... es muy grave, algo grave, medianamente grave, casi nada grave o nada grave?

racial o por el color de piel

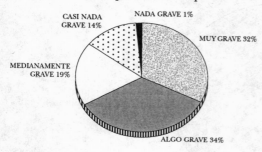

CASI NADA GRAVE 14%
NADA GRAVE 1%
MUY GRAVE 32%
MEDIANAMENTE GRAVE 19%
ALGO GRAVE 34%

social o por ser de escasos recursos

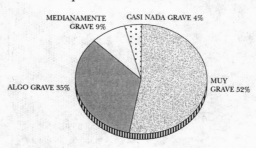

MEDIANAMENTE GRAVE 9%
CASI NADA GRAVE 4%
ALGO GRAVE 35%
MUY GRAVE 52%

cultural o por poseer poca cultura

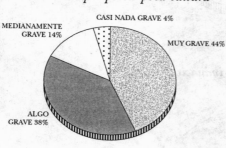

CASI NADA GRAVE 4%
MEDIANAMENTE GRAVE 14%
MUY GRAVE 44%
ALGO GRAVE 38%

sexual o hacia las mujeres

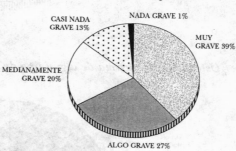

CASI NADA GRAVE 13%
NADA GRAVE 1%
MUY GRAVE 39%
MEDIANAMENTE GRAVE 20%
ALGO GRAVE 27%

discriminación religiosa

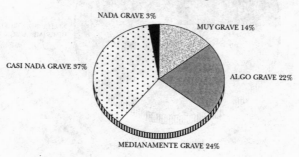

NADA GRAVE 3%
MUY GRAVE 14%
CASI NADA GRAVE 37%
ALGO GRAVE 22%
MEDIANAMENTE GRAVE 24%

¿Cuál de las siguientes frases se acerca más a su punto de vista sobre la discriminación en México?

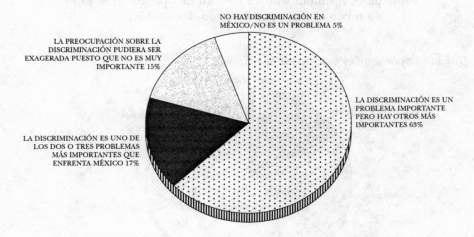

En comparación a años anteriores, ¿diría usted que la discriminación es mucho más, más, igual, menos o mucho menos que ahora?

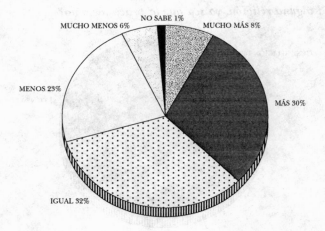

169

Anexo 3

Principales resultados de un estudio de opinión pública en torno al concepto Religión/Doble Moral

¿Qué tan importante es para usted la religión?

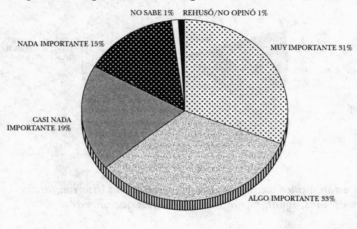

NO SABE 1% REHUSÓ/NO OPINÓ 1%

NADA IMPORTANTE 15%

MUY IMPORTANTE 31%

CASI NADA IMPORTANTE 19%

ALGO IMPORTANTE 33%

¿Tiene usted alguna religión, ya sea que la practique o no?

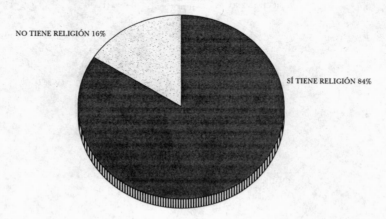

NO TIENE RELIGIÓN 16%

SÍ TIENE RELIGIÓN 84%

170

¿Qué tanto cree usted en la gente?

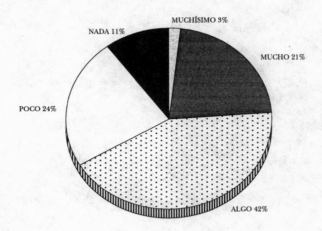

¿Qué tanto acostumbra mentir?

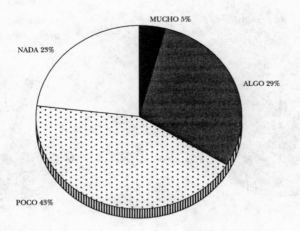

¿Qué tanto respeta las leyes?

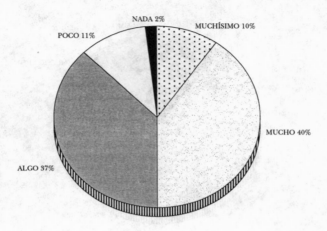

Utilizando una escala de muchísimo, mucho, algo, poco o nada califique los siguientes aspectos de los mexicanos

aceptan o dan mordidas

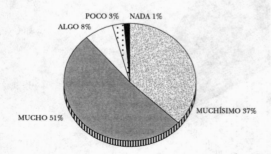

tienen relaciones prematrimoniales

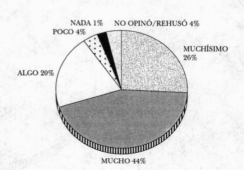

172

*Utilizando una escala de muchísimo, mucho, algo, poco o nada
califique los siguientes aspectos de los mexicanos*

mienten

*roban,
incluyendo robos menores*

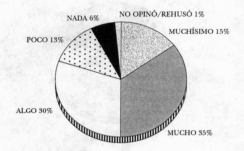

respetan a sus padres

*hacen un esfuerzo
por ser mejores cada día*

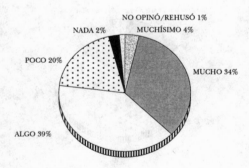
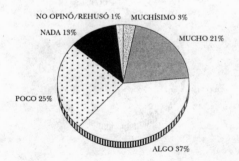

173

Utilizando una escala de muchísimo, mucho, algo, poco o nada califique los siguientes aspectos de los mexicanos

respetan a otra persona

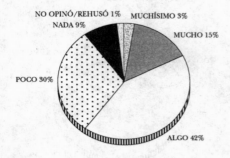

NO OPINÓ/REHUSÓ 1% MUCHÍSIMO 3%
NADA 9%
MUCHO 15%
POCO 30%
ALGO 42%

son honestos en su trabajo

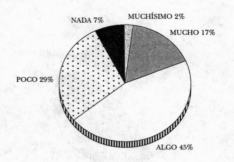

NADA 7% MUCHÍSIMO 2%
MUCHO 17%
POCO 29%
ALGO 45%

respetan las leyes

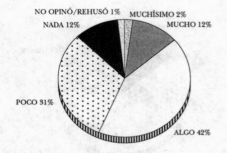

NO OPINÓ/REHUSÓ 1% MUCHÍSIMO 2%
NADA 12%
MUCHO 12%
POCO 31%
ALGO 42%

ayudan a la gente necesitada

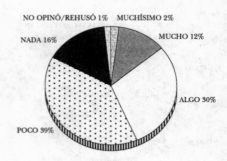

NO OPINÓ/REHUSÓ 1% MUCHÍSIMO 2%
NADA 16%
MUCHO 12%
ALGO 30%
POCO 39%

174

Utilizando una escala de muchísimo, mucho, algo, poco o nada
califique los siguientes aspectos de los mexicanos

cumplen lo que prometen

cumplen sus obligaciones

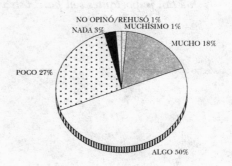

creen unos en otros

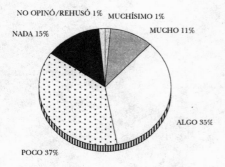

son fieles a sus esposas(os)/
novias(os)

175

Anexo 4

Principales resultados de un estudio de opinión pública en torno al concepto El mexicano y el trabajo

¿Qué tan importantes son para usted los siguientes aspectos de la vida?

vida familiar

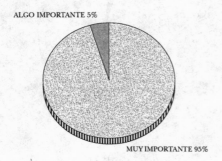

ALGO IMPORTANTE 5%

MUY IMPORTANTE 95%

educación

ALGO IMPORTANTE 10%   CASI NADA IMPORTANTE 1%

MUY IMPORTANTE 89%

el trabajo que realiza

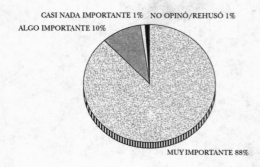

CASI NADA IMPORTANTE 1%   NO OPINÓ/REHUSÓ 1%
ALGO IMPORTANTE 10%

MUY IMPORTANTE 88%

nivel de vida

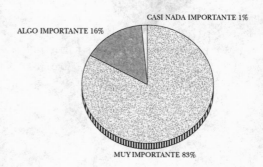

CASI NADA IMPORTANTE 1%

ALGO IMPORTANTE 16%

MUY IMPORTANTE 83%

¿Qué tan importantes son para usted los siguientes aspectos de la vida?

lo que hace en su tiempo libre

vida personal

ingreso

familia

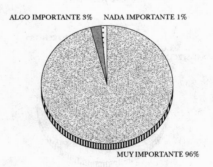

177

¿Qué tan importantes son para usted los siguientes aspectos de la vida?

vida espiritual

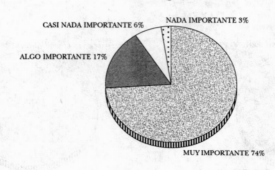

CASI NADA IMPORTANTE 6%

NADA IMPORTANTE 3%

ALGO IMPORTANTE 17%

MUY IMPORTANTE 74%

¿Qué tan satisfecho está usted con...?

vida familiar

ALGO INSATISFECHO 2%

ALGO SATISFECHO 24%

TOTALMENTE SATISFECHO 74%

educación

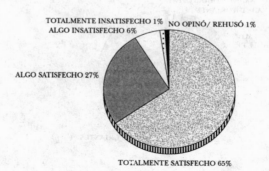

TOTALMENTE INSATISFECHO 1%
ALGO INSATISFECHO 6%

NO OPINÓ/ REHUSÓ 1%

ALGO SATISFECHO 27%

TOTALMENTE SATISFECHO 65%

178

¿Qué tan satisfecho está usted con...?

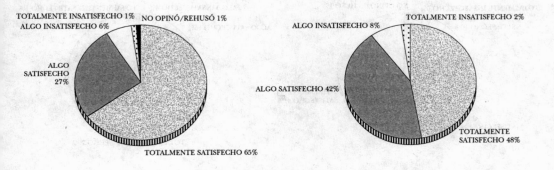

el trabajo que realiza

TOTALMENTE INSATISFECHO 1%
ALGO INSATISFECHO 6%
NO OPINÓ/REHUSÓ 1%
ALGO SATISFECHO 27%
TOTALMENTE SATISFECHO 65%

nivel de vida

ALGO INSATISFECHO 8%
TOTALMENTE INSATISFECHO 2%
ALGO SATISFECHO 42%
TOTALMENTE SATISFECHO 48%

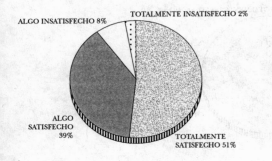

lo que hace en su tiempo libre

ALGO INSATISFECHO 8%
TOTALMENTE INSATISFECHO 2%
ALGO SATISFECHO 39%
TOTALMENTE SATISFECHO 51%

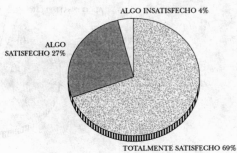

vida personal

ALGO INSATISFECHO 4%
ALGO SATISFECHO 27%
TOTALMENTE SATISFECHO 69%

179

¿Qué tan satisfecho está usted con...?

ingreso

familia

vida espiritual

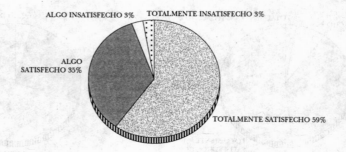

¿Cuáles diría que son las razones por las cuales trabaja?
(Primera mención)

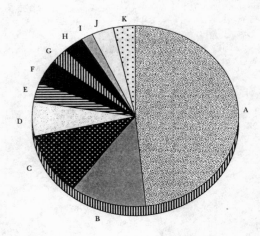

A   Ganar dinero/tener ingresos: 49%   G   Pasarla bien: 3%
B   Obligación/presión de terceros: 11% H   Gusto/hobby: 3%
C   Desarrollo profesional: 11%   I   Necesidad: 2%
D   Sentirme bien/productivo: 6%   J   Otras razones: 3%
E   Aprender/saber más: 4%   K   Ninguna/sólo trabajo por dinero: 4%
F   Por mi familia/mis hijos: 4%

181

¿Cuáles diría que son las razones por las cuales trabaja?
(Total de menciones)

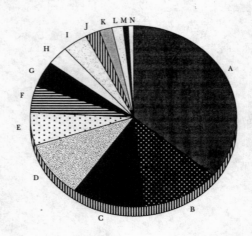

A Ganar dinero/tener ingresos: 70%
B Desarrollo profesional: 25%
C Obligación/presión de terceros: 20%
D Sentirme bien/productivo: 19%
E Aprender/saber más: 12%
F Ganar experiencia: 10%
G Gusto/hobby: 8%
H Por mi familia/mis hijos: 7%

I Pasarla bien: 7%
J Necesidad: 6%
K Tener mejor nivel de vida: 4%
L Contribuir al país/trabajar por
   México: 3%
M Obtener reconocimiento social: 2%
N Hacer amigos: 1%

182

¿Qué aspectos de su trabajo, si es que alguno, le producen a usted mayor insatisfacción?

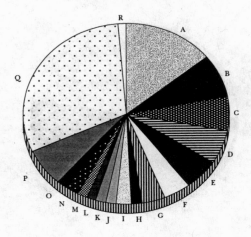

A Sueldo/ingreso/prestaciones: 17%
B Mis superiores/jefes: 9%
C Mis compañeros: 7%
D Falta de reconocimiento: 7%
E Oportunidades de desarrollo: 6%
F Condiciones de trabajo: 5%
G Explotación: 4%
H Distancia del trabajo a mi casa: 2%
I Nivel de puesto que desempeño: 2%
J La empresa: 2%

K Mala organización: 2%
L Sentir que el trabajo no es trascendente: 2%
M Horario de trabajo: 2%
N Actividad que desempeño/realización: 2%
O Mis subordinados/empleados: 2%
P Otras razones: 8%
Q Ninguno: 36%
R No sabe: 1%

183

Por el contrario, ¿qué aspectos de su trabajo, si es que alguno,
le producen más satisfacción?

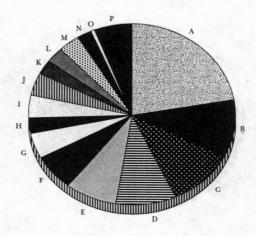

A   Actividad que desempeño: 30%
B   Mis compañeros/amigos: 14%
C   Sentir que el trabajo es trascendente:
    14%
D   Sueldo/ingreso/prestaciones: 12%
E   Oportunidades de desarrollo/
    crecimiento: 11%
F   Sentir que contribuyo al país: 8%
G   Sentir que contribuyo a la empresa:
    6%

H   Condiciones de trabajo: 5%
I   Los reconocimientos: 5%
J   El nivel de puesto que desempeño: 5%
K   Mis superiores/jefes: 4%
L   Conocer gentes nuevas/contacto con
    la gente: 4%
M   La empresa: 4%
N   El prestigio de la empresa: 3%
O   Mis subordinados/empleados: 1%
P   Ninguno: 8%

¿Qué tan de acuerdo está con cada uno de los siguientes dichos?

ganarás el pan
con el sudor de tu frente

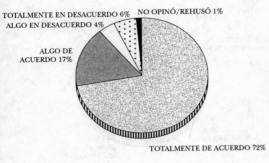

trabajar es tan terrible
que hasta pagan por hacerlo

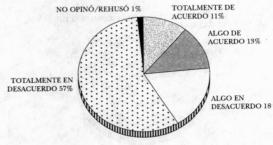

que trabajen los motores

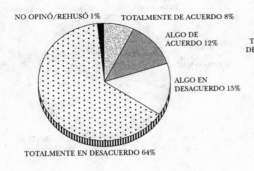

ellos hacen como que me pagan
y yo hago como que trabajo

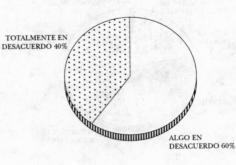

185

¿Qué tan de acuerdo está con cada uno de los siguientes dichos?

el trabajo enaltece al hombre

TOTALMENTE EN DESACUERDO 4%
ALGO EN DESACUERDO 2%
NO OPINÓ/REHUSÓ 1%
ALGO DE ACUERDO 14%
TOTALMENTE DE ACUERDO 79%

hay que trabajar como negro para vivir como blanco

NO OPINÓ/REHUSÓ 1%
TOTALMENTE DE ACUERDO 29%
TOTALMENTE EN DESACUERDO 31%
ALGO EN DESACUERDO 16%
ALGO DE ACUERDO 23%

hay que trabajar para vivir y no vivir para trabajar

TOTALMENTE EN DESACUERDO 13%
NO OPINÓ/REHUSÓ 1%
ALGO EN DESACUERDO 9%
ALGO DE ACUERDO 25%
TOTALMENTE DE ACUERDO 52%

con esfuerzo se supera la falta de habilidades

TOTALMENTE EN DESACUERDO 5%
NO OPINÓ/REHUSÓ 1%
ALGO EN DESACUERDO 4%
ALGO DE ACUERDO 20%
TOTALMENTE DE ACUERDO 70%

186

**Hablando del mexicano común frente al trabajo,
¿qué tan de acuerdo está con las siguientes descripciones?**

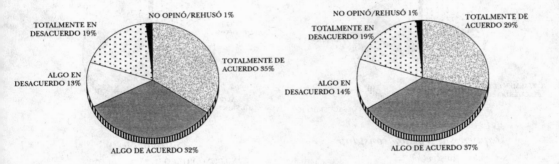

es flojo

TOTALMENTE EN DESACUERDO 19%
NO OPINÓ/REHUSÓ 1%
TOTALMENTE DE ACUERDO 35%
ALGO EN DESACUERDO 13%
ALGO DE ACUERDO 32%

es apático

NO OPINÓ/REHUSÓ 1%
TOTALMENTE EN DESACUERDO 19%
TOTALMENTE DE ACUERDO 29%
ALGO EN DESACUERDO 14%
ALGO DE ACUERDO 37%

es irresponsable

NO OPINÓ/REHUSÓ 1%
TOTALMENTE DE ACUERDO 25%
TOTALMENTE EN DESACUERDO 18%
ALGO EN DESACUERDO 14%
ALGO DE ACUERDO 42%

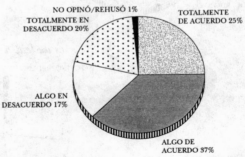

es mediocre/descuidado

NO OPINÓ/REHUSÓ 1%
TOTALMENTE DE ACUERDO 25%
TOTALMENTE EN DESACUERDO 20%
ALGO EN DESACUERDO 17%
ALGO DE ACUERDO 37%

187

**Hablando del mexicano común frente al trabajo,
¿qué tan de acuerdo está con las siguientes descripciones?**

carece de imaginación

NO OPINÓ/REHUSÓ 1%

TOTALMENTE DE ACUERDO 13%

ALGO DE ACUERDO 21%

TOTALMENTE EN DESACUERDO 50%

ALGO EN DESACUERDO 15%

es impuntual

NO OPINÓ/REHUSÓ 1%

TOTALMENTE EN DESACUERDO 14%

ALGO EN DESACUERDO 9%

TOTALMENTE DE ACUERDO 40%

ALGO DE ACUERDO 36%

requiere supervisión constante

NO OPINÓ/REHUSÓ 1%

TOTALMENTE EN DESACUERDO 19%

TOTALMENTE DE ACUERDO 36%

ALGO EN DESACUERDO 11%

ALGO DE ACUERDO 33%

es tramposo

NO OPINÓ/REHUSÓ 1%

TOTALMENTE EN DESACUERDO 15%

TOTALMENTE DE ACUERDO 33%

ALGO EN DESACUERDO 12%

ALGO DE ACUERDO 39%

es desleal a su empresa

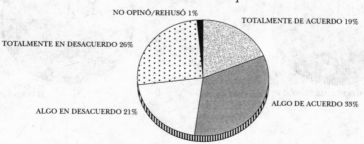

NO OPINÓ/REHUSÓ 1%

TOTALMENTE DE ACUERDO 19%

TOTALMENTE EN DESACUERDO 26%

ALGO DE ACUERDO 33%

ALGO EN DESACUERDO 21%

188

Anexo 5

Principales resultados de un estudio de opinión pública en torno al concepto Corrupción

¿Cuánta corrupción piensa que hay en México?

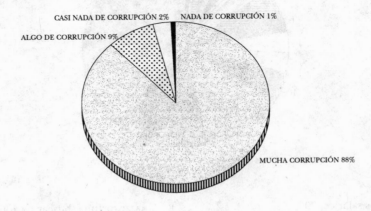

CASI NADA DE CORRUPCIÓN 2%   NADA DE CORRUPCIÓN 1%

ALGO DE CORRUPCIÓN 9%

MUCHA CORRUPCIÓN 88%

En los últimos años, ¿diría que la corrupción en nuestro país ha aumentado, ha permanecido igual o que ha disminuido?

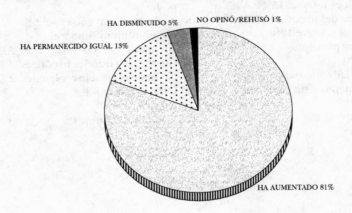

HA DISMINUIDO 5%   NO OPINÓ/REHUSÓ 1%

HA PERMANECIDO IGUAL 13%

HA AUMENTADO 81%

189

¿Cuáles son las principales causas de que haya corrupción en México?

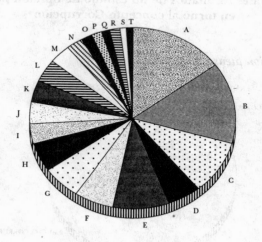

A Bajos salarios: 29%
B Ignorancia/falta de preparación: 28%
C Es la forma en que funciona la burocracia: 18%
D Así funciona el sistema: 15%
E Forma de ser del mexicano: 12%
F Pobreza en el pueblo: 12%
G Falta/no hay principios morales: 12%
H Deshonestidad/inmoralidad: 10%
I La gente antepone sus intereses personales: 8%
J Falta de empleo: 8%

K Amasar fortuna/buscar enriquecerse: 7%
L Comodidad/hacer las cosas fáciles: 7%
M Que permanezca un solo partido en el poder: 6%
N Gobierno/mal gobierno: 5%
O Por el influyentismo y el compadrazgo: 3%
P Cuestiones/razones históricas: 3%
Q No hay castigo a los culpables: 2%
R Otras razones: 3%
S No sabe: 1%
T No opinó/rehusó: 1%

¿En cuál o cuáles de las siguientes áreas piensa que hay corrupción?

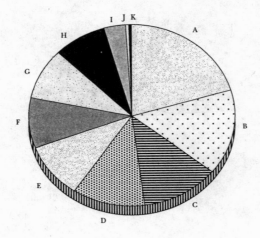

A Entre las corporaciones policiacas: 56%

B Entre los funcionarios públicos de alto nivel: 42%

C Entre las instancias de justicia: 34%

D Entre las empresas que venden o proveen servicios al gobierno: 31%

E En los procesos electorales: 25%

F Entre los sindicatos: 25%

G Todas: 24%

H Entre los servidores públicos que atienden en ventanilla: 23%

I Entre los comerciantes o negocios particulares: 9%

J Ninguna: 1%

K No opinó/rehusó: 1%

¿En cuál o cuáles áreas hay más corrupción?

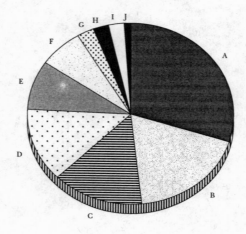

A Entre las corporaciones policiacas: 46%

B Entre los funcionarios públicos de alto nivel: 28%

C Entre las empresas que venden o proveen servicios al gobierno: 21%

D Entre las instancias de justicia: 20%

E En los procesos electorales: 14%

F Entre los servidores públicos que atienden en ventanilla: 10%

G Todas: 4%

H Entre los sindicatos: 4%

I Entre los comerciantes o negocios particulares: 4%

J Ninguna: 1%

¿Qué tan de acuerdo está usted con las siguientes frases?

hay corrupción porque no se castiga
a los culpables

TOTALMENTE EN DESACUERDO 6%
ALGO EN DESACUERDO 3%
ALGO DE ACUERDO 13%
NO OPINÓ/REHUSÓ 1%
TOTALMENTE DE ACUERDO 77%

es tan culpable quien da
como el que pide

TOTALMENTE EN DESACUERDO 7%
ALGO EN DESACUERDO 6%
ALGO DE ACUERDO 18%
NO OPINÓ/REHUSÓ 1%
TOTALMENTE DE ACUERDO 68%

hace todo lo posible para no caer
en la corrupción

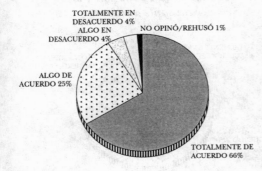

TOTALMENTE EN DESACUERDO 4%
ALGO EN DESACUERDO 4%
ALGO DE ACUERDO 25%
NO OPINÓ/REHUSÓ 1%
TOTALMENTE DE ACUERDO 66%

a veces no queda otro remedio
que dar una mordida para
resolver algún problema

TOTALMENTE EN DESACUERDO 8%
ALGO EN DESACUERDO 5%
ALGO DE ACUERDO 24%
NO OPINÓ/REHUSÓ 1%
TOTALMENTE DE ACUERDO 62%

¿Qué tan de acuerdo está usted con las siguientes frases?

es tan difícil cumplir con todas las
leyes y trámites que a veces no queda
otro remedio que la corrupción

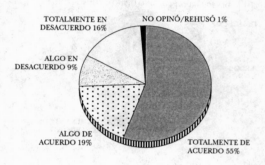

estamos tan acostumbrados
a la corrupción que no le
damos importancia

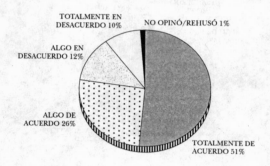

la corrupción se transmite de padres
a hijos a través del ejemplo

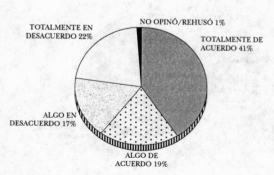

el ciudadano común sólo es
víctima de la corrupción y no
causante de ella

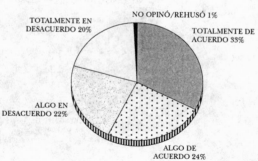

194

¿Qué tan de acuerdo está usted con las siguientes frases?

*la corrupción es parte
de nuestra cultura*

*no tiene caso luchar
contra la corrupción*

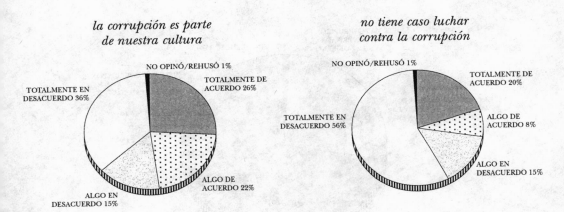

*actualmente se están haciendo
grandes esfuerzos para combatir
la corrupción*

195

¿Dónde existe más corrupción: en el gobierno o en las empresas privadas?

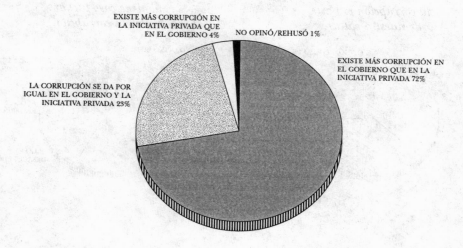

EXISTE MÁS CORRUPCIÓN EN LA INICIATIVA PRIVADA QUE EN EL GOBIERNO 4%

NO OPINÓ/REHUSÓ 1%

EXISTE MÁS CORRUPCIÓN EN EL GOBIERNO QUE EN LA INICIATIVA PRIVADA 72%

LA CORRUPCIÓN SE DA POR IGUAL EN EL GOBIERNO Y LA INICIATIVA PRIVADA 23%

¿Cuál institución considera, si es que alguna, que ha sido más corrompida?

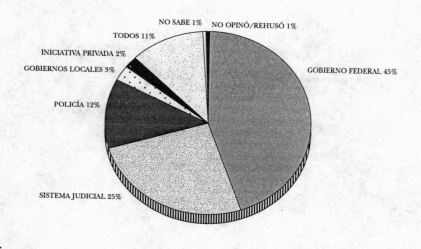

NO SABE 1%   NO OPINÓ/REHUSÓ 1%

TODOS 11%

INICIATIVA PRIVADA 2%

GOBIERNOS LOCALES 3%

POLICÍA 12%

GOBIERNO FEDERAL 45%

SISTEMA JUDICIAL 25%

196

¿Qué tanta confianza tiene usted en que la corrupción puede controlarse o eliminarse?

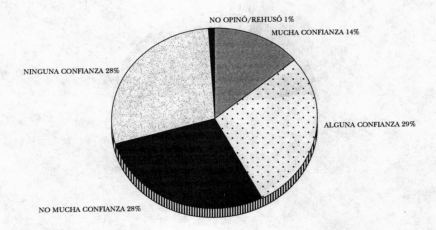

¿Quién o quiénes considera que pueden y deben eliminar la corrupción en México?

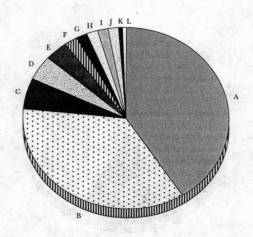

A Gobierno: 56%
B Todos los mexicanos: 48%
C Diputados y senadores: 8%
D Juzgados y tribunales: 6%
E Corporaciones policiacas: 5%
F Escuelas y maestros: 3%

G Empresarios: 2%
H Procuradurías: 2%
I Otras organizaciones: 2%
J Nadie/es imposible: 2%
K No sabe: 1%
L No opinó/rehusó: 1%

Anexo 6

Principales resultados de un estudio de opinión pública en torno al concepto Modelo de sociedad

¿Qué tan satisfecho está con…?

las relaciones que se dan entre los integrantes de su familia

el entorno humano en que tiene que trabajar

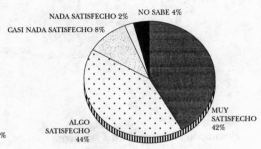

la forma en que nos relacionamos unos con otros

la forma en que los mexicanos convivimos en nuestro país

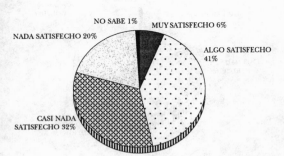

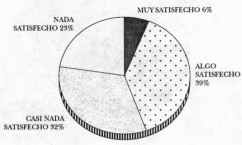

199

¿Qué tan satisfecho está con...?

*la forma en que está organizada la sociedad
mexicana en su conjunto*

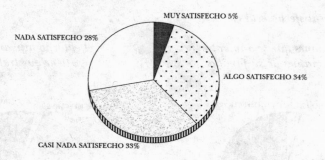

MUY SATISFECHO 5%

NADA SATISFECHO 28%

ALGO SATISFECHO 34%

CASI NADA SATISFECHO 33%

Pensando en la sociedad mexicana...

*los mexicanos tenemos
lo que merecemos*

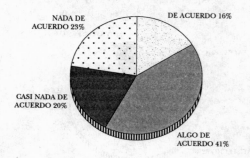

NADA DE ACUERDO 23%

DE ACUERDO 16%

CASI NADA DE ACUERDO 20%

ALGO DE ACUERDO 41%

*los mexicanos merecemos
lo que tenemos*

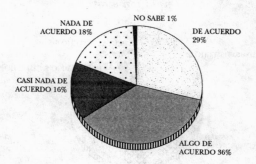

NADA DE ACUERDO 18%

NO SABE 1%

DE ACUERDO 29%

CASI NADA DE ACUERDO 16%

ALGO DE ACUERDO 36%

200

¿Cómo se encuentran las siguientes áreas de organización colectiva en nuestro país?

familia

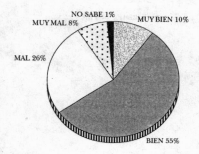

NO SABE 1%
MUY MAL 8%
MUY BIEN 10%
MAL 26%
BIEN 55%

sistema escolar

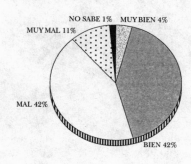

NO SABE 1%
MUY MAL 11%
MUY BIEN 4%
MAL 42%
BIEN 42%

salud pública/seguridad social

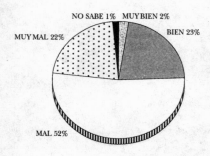

NO SABE 1%
MUY BIEN 2%
MUY MAL 22%
BIEN 23%
MAL 52%

seguridad pública

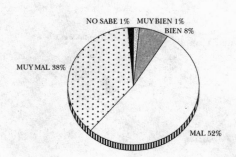

NO SABE 1%
MUY BIEN 1%
BIEN 8%
MUY MAL 38%
MAL 52%

201

¿Cómo se encuentran las siguientes áreas de organización colectiva en nuestro país?

seguridad nacional

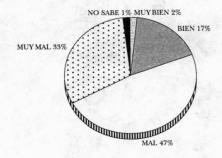

NO SABE 1% MUY BIEN 2%
BIEN 17%
MUY MAL 33%
MAL 47%

impartición de justicia

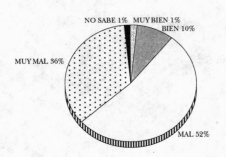

NO SABE 1% MUY BIEN 1%
BIEN 10%
MUY MAL 36%
MAL 52%

derechos humanos

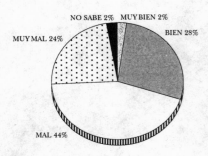

NO SABE 2% MUY BIEN 2%
BIEN 28%
MUY MAL 24%
MAL 44%

aparato productivo

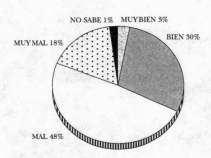

NO SABE 1% MUY BIEN 3%
BIEN 30%
MUY MAL 18%
MAL 48%

¿Cómo se encuentran las siguientes áreas de organización colectiva en nuestro país?

estructura económica

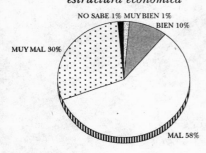

NO SABE 1% MUY BIEN 1%
BIEN 10%
MUY MAL 30%
MAL 58%

oportunidades y condiciones de trabajo

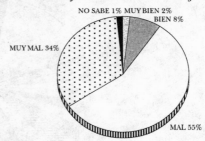

NO SABE 1% MUY BIEN 2%
BIEN 8%
MUY MAL 34%
MAL 55%

democracia

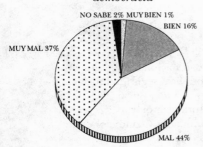

NO SABE 2% MUY BIEN 1%
BIEN 16%
MUY MAL 37%
MAL 44%

alcoholismo, drogadicción y delincuencia

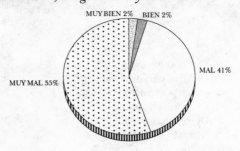

MUY BIEN 2% BIEN 2%
MAL 41%
MUY MAL 55%

cultura y tradiciones

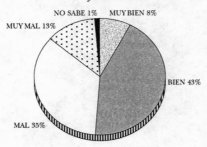

NO SABE 1% MUY BIEN 8%
MUY MAL 13%
BIEN 43%
MAL 35%

203

¿En cuáles de estas mismas áreas considera que los mexicanos tenemos una sociedad superior a la de otros países?

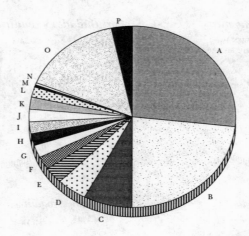

A   Familia: 38%
B   Cultura y tradiciones: 33%
C   Sistema escolar: 10%
D   Derechos humanos: 7%
E   Democracia: 4%
F   Aparato productivo: 3%
G   Seguridad pública: 3%
H   Alcoholismo, drogadicción y delincuencia: 3%

I   Seguridad nacional: 3%
J   Salud pública/seguridad social: 3%
K   Impartición de justicia: 3%
L   Estructura económica: 2%
M   Oportunidades y condiciones de trabajo: 1%
N   No sabe: 1%
O   Ninguna: 22%
P   Rehusó: 5%

En su opinión, ¿qué tenemos que hacer los mexicanos para tener una mejor sociedad?

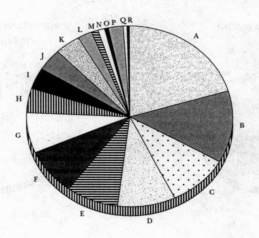

A   Ampliar la democracia: 62%
B   Mejorar el sistema electoral: 38%
C   Tener un mejor gobierno: 31%
D   Mejorar el sistema educativo: 26%
E   Combatir la corrupción: 26%
F   Cambiar nuestra forma de ser: 25%
G   Educar mejor a nuestros hijos: 22%
H   Respetar las leyes: 13%
I   Redistribuir mejor los ingresos: 12%
J   Respetar los derechos de todos: 12%
K   Denunciar las injusticias: 11%

L   Administrar mejor nuestros recursos: 6%
M   Unirnos como mexicanos/más comunicación entre todos: 4%
N   Copiar/adaptar modelos extranjeros: 3%
O   Ser más productivos/trabajar mucho: 2%
P   Otras razones: 7%
Q   No sabe: 2%
R   No opinó/rehusó: 1%

¿Qué tanto considera que la influencia extranjera nos ha impactado en los siguientes aspectos?

educación escolar

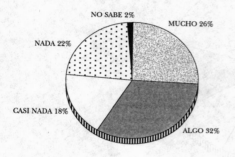

estructura y relaciones en la familia

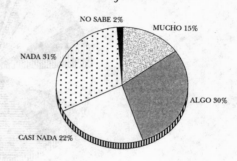

entorno de trabajo

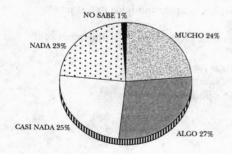

entretenimiento y turismo

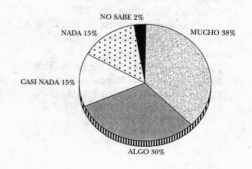

206

¿Qué tanto considera que la influencia extranjera nos ha impactado en los siguientes aspectos?

comida y hábitos de alimentación

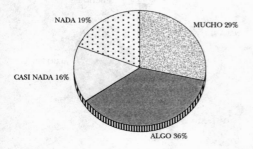

medios de comunicación

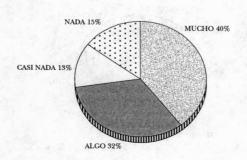

música y artes

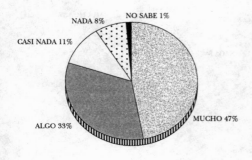

aspectos espirituales y religiosos

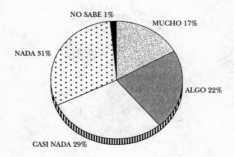

207

¿Qué tanto considera que la influencia extranjera nos ha impactado en los siguientes aspectos?

moral y escala de valores

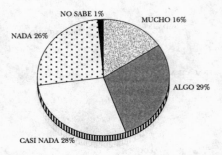

costumbres y tradiciones

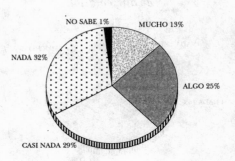

alcoholismo y drogadicción

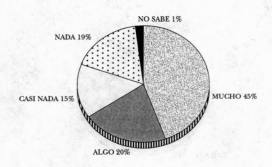

democracia

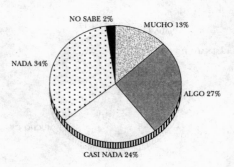

¿*Qué tanto considera que la influencia extranjera nos ha impactado en los siguientes aspectos?*

política y gobierno

NO SABE 2%

NADA 26%

MUCHO 25%

CASI NADA 18%

ALGO 29%

economía y finanzas

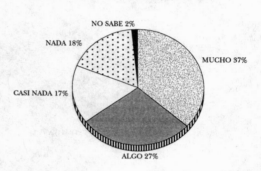

NO SABE 2%

NADA 18%

MUCHO 37%

CASI NADA 17%

ALGO 27%

¿*Considera que la influencia extranjera en... ha sido positiva o negativa?*

música y artes

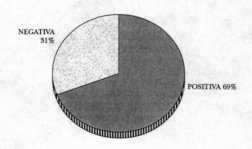

NEGATIVA 31%

POSITIVA 69%

medios de comunicación

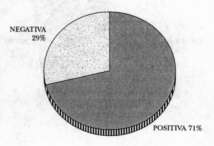

NEGATIVA 29%

POSITIVA 71%

**¿*Considera que la influencia extranjera en...
ha sido positiva o negativa?***

entretenimiento y turismo

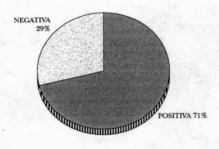

NEGATIVA
29%

POSITIVA 71%

alcoholismo y drogadicción

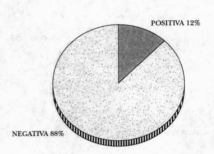

POSITIVA 12%

NEGATIVA 88%

comida y hábitos de alimentación

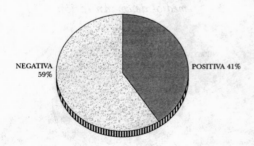

NEGATIVA
59%

POSITIVA 41%

economía y finanzas

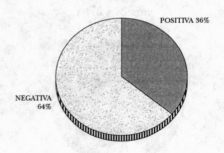

POSITIVA 36%

NEGATIVA
64%

¿Considera que la influencia extranjera en... ha sido positiva o negativa?

educación escolar

NO SABE 1%
NEGATIVA 26%
POSITIVA 73%

política y gobierno

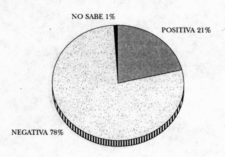

NO SABE 1%
POSITIVA 21%
NEGATIVA 78%

entorno de trabajo

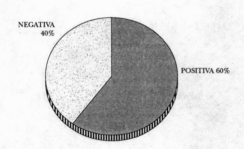

NEGATIVA 40%
POSITIVA 60%

estructura y relaciones en la familia

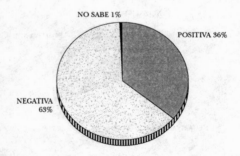

NO SABE 1%
POSITIVA 36%
NEGATIVA 63%

211

¿Considera que la influencia extranjera en... ha sido positiva o negativa?

moral y escala de valores

POSITIVA 22%

NEGATIVA 78%

aspectos espirituales y religiosos

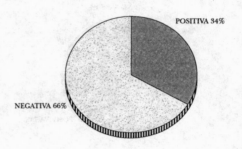

POSITIVA 34%

NEGATIVA 66%

democracia

NO SABE 1%

POSITIVA 31%

NEGATIVA 68%

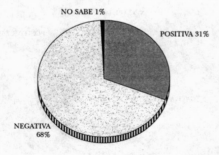

costumbres y tradiciones

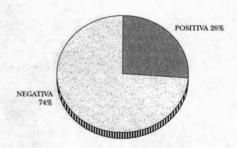

POSITIVA 26%

NEGATIVA 74%

Comparando el país en que vivimos hoy con el país en que crecieron nuestros padres, ¿diría usted que el México de hoy es mejor, es igual o es peor?

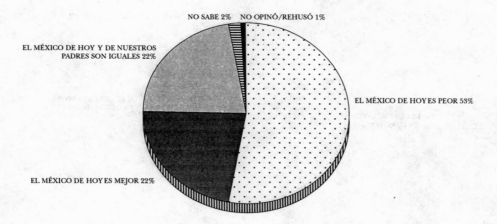

NO SABE 2% NO OPINÓ/REHUSÓ 1%

EL MÉXICO DE HOY Y DE NUESTROS PADRES SON IGUALES 22%

EL MÉXICO DE HOY ES PEOR 53%

EL MÉXICO DE HOY ES MEJOR 22%

Comparando el país en que vivimos hoy con el que le tocará vivir a la siguiente generación, ¿cree usted que el México del futuro será mejor, igual o será peor que el México actual?

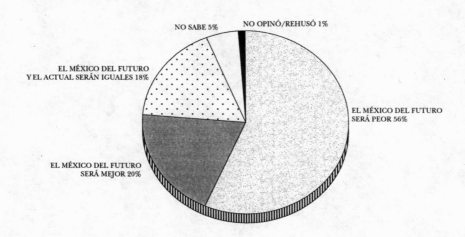

NO SABE 5% NO OPINÓ/REHUSÓ 1%

EL MÉXICO DEL FUTURO Y EL ACTUAL SERÁN IGUALES 18%

EL MÉXICO DEL FUTURO SERÁ PEOR 56%

EL MÉXICO DEL FUTURO SERÁ MEJOR 20%

213

¿Si usted tuviera los recursos y la oportunidad, le gustaría vivir en otro país?

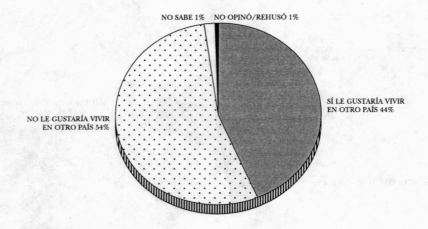

NO SABE 1%   NO OPINÓ/REHUSÓ 1%

SÍ LE GUSTARÍA VIVIR
EN OTRO PAÍS 44%

NO LE GUSTARÍA VIVIR
EN OTRO PAÍS 54%

ÍNDICE ANALÍTICO

El otro yo del mexicano
es un desplante coral que coordinó
José Gutiérrez Vivó para desde distintos
enfoques darle vueltas de tuerca
a nuestra definición de qué somos
y cómo somos.
La edición de esta obra fue compuesta
en fuente newbaskerville y formada en 11:13.
Fue impresa en este mes de marzo de 1998
en los talleres de Compañía Editorial Electrocomp, S.A. de C.V.,
que se localizan en la calzada de Tlalpan 1702,
colonia Country Club, en la ciudad de México, D.F.
La encuadernación de los ejemplares se hizo
en los talleres de Dinámica de Acabado Editorial, S.A. de C.V.,
que se localizan en la calle de Centeno 4-B,
colonia Granjas Esmeralda, en la ciudad de México, D.F.